Für Mami und Babi

als Dank für Euren Anfang!

Eisblüten

MEINE DREI ALLGÄUER JAHRESZEITEN

BARBARA SCHLACHTER-EBERT

Mit Fotografien von Björn Kray Iversen

Vorwort von Lea Linster	7
Vorwort von Barbara Schlachter-Ebert	9
Auf der Alp	10
Es war einmal ... der Schlossanger	12
In der Küche	14
Wildentenconfit	16
Pilzterrine und Rehcarpaccio	18
Frischkäseterrine	22
Salatdressing	24
In der Schlossanger Alp	28
Schweinebauch	30
Perlhuhnfleischpflanzerl	32
Es war einmal ... der Winter	36
Rehessenz	38
Meerrettichrahmsuppe	40
Kartoffelsuppe	42
Spargelsuppe	44
Es war einmal ... die Landwirtschaft	46
Bärlauch-Quarknockerl	48
Kartoffelknödel	50
Käsespätzle	54

Es war einmal ... das Leben	58
Zander auf Rote Bete Soße	60
Ricottaklößchen und Waller	64
In der Familie	66
Wirkerts Mus	68
Lammfilet mit Kräuterkruste	70
Rinderschaufelbraten	74
Im Schnee	78
Torte vom Blauschimmelkäse	80
Allgäuer Almkäse	82
Auf dem Falkenstein	86
Apfelstrudel	88
Topfengratin	90
Grießklößchen	92
Buttermilchtöpfchen	94
Allgäuer Quarknockerl	98
Grundrezepte	100
Rezeptverzeichnis	104

Unter den Spitzenköchinnen gibt es immer noch wenig Frauen – ist es da ein Wunder, dass wir uns sympathisch sind?

Ich habe Barbara vor Jahren auf einem Kochevent richtig kennen gelernt, und wir haben uns auch gleich gemocht. Wahrscheinlich liegt es daran, dass wir eine ähnliche Biografie haben: Wir kommen beide aus einem Familienbetrieb, haben schon als Kinder viel Spaß daran gehabt, in alle Töpfe zu gucken, und auch erste Versuche gemacht, selbst etwas zu kochen. Und nachdem wir uns in der Welt und bei großen Kollegen umgeschaut hatten, sind wir an den elterlichen Herd zurückgegangen, um aus den eher einfachen, bodenständigen Gerichten unserer Heimat – bei ihr das Allgäu, bei mir Luxemburg – Spitzenküche zu machen. Die Grundlagen haben wir von unseren Vätern gelernt, die wir sehr lieben, unsere Sterne müssen wir uns aber jeden Tag von Neuem verdienen. Ich schätze es sehr, dass Barbara so viel Wert auf die Qualität der Produkte legt, die sie verarbeitet: Sie nimmt nur bestes Fleisch und Gemüse der Region. Ich halte es genauso und bin überzeugt, dass diese Qualität, verbunden mit Fantasie und Kreativität, das Rezept ist, um über lange Jahre in der Gastronomie und vor den Gästen zu bestehen. Und was mir an Barbara am besten gefällt: dass sie nicht abhebt, sondern schön bodenständig bleibt und Familie, Beruf und Betrieb spielend unter einen Hut bekommt. Ich wünsche meiner Freundin viel Erfolg mit dem neuen Buch und ganz herzliche Komplimente an all ihre Stammgäste; die wissen was gut ist.

Ihre

Léa Linster
AVEC AMOUR

Die Idee zu meinem Buch verdanke ich den Menschen auf der Schlossanger Alp, die mehr als einen wohligen Bauch nach Hause mitnehmen wollten. Jede ihrer Fragen über unsere Geschichte, unsere Familie und über meine Küche war ein Schritt auf dem Weg zu ‚Meine drei Allgäuer Jahreszeiten'.

Die Geschichten in dem vorliegenden Band 1 ‚Eisblüten' blicken durch die heutige Alp hindurch auf die alte Zeit, in der auch die Schlossanger Alp wurzelt.
Alle Rezepte stammen von meiner Familie und mir und sind regelmäßig auf unserer Speisekarte zu finden. Zum Nachkochen braucht es nicht mehr als eine Portion Küchenerfahrung und geschmackliche Unternehmungslust. Wer bisher noch nie einen Kochlöffel in der Hand gehalten hat, möge erwägen, erst einen Kurs zu machen, bevor er sich ans Werk des Nachkochens macht.

Weil wir niemals wirklich allein unterwegs sind, sondern immer mit anderen gemeinsam, möchte ich denen danken, die mich auf dem Weg zum Buch begleitet haben. Der größte Dank gilt meinem Mann Bernd Ebert für seine immerwährende Unterstützung, meinen Kindern Beatrice, Bettina und Bastian für ihre großmütige Geduld und unserem Schlossanger-Team für die ständige Bereitschaft zur Spitzenleistung.
Dank an Katharina Többen für ihren Glauben an meine Idee, Angela Thomaschik für ihre ständige Bereitschaft zur kreativen Auseinandersetzung, Björn Kray Iversen für seine wunderbaren Bilderwelten, Carmen Nehm für alle Worte samt unsichtbarer Bedeutung und Eva-Maria D'Auria für ihre feinfühlige Gestaltung.

Meinen Gästen, ob bei uns auf der Alp oder hier im Buch, wünsche ich viel Spaß: in ihrer und in meiner Küche, beim Erschmecken der Rezepte und in der Geschichte der Schlossanger Alp.
Ihre
Barbara Schlachter-Ebert

Auf der Alp

Als Gründungsvater Alfred Gött 1913 mit der Schlossanger Alp das Erbteil übernahm, bestand sein Jahr in den Ostallgäuer Bergen aus einer Jahreszeit: dem Sommer. Ohne Heizung in einer Holzhütte, die allenfalls Unwetterschutz und ein trockenes Dach über dem Kopf bot, war an mehr nicht zu denken. So zog er für die wenigen warmen Monate mit Sack und Pack auf die Alp, um Butter und Käse zu machen und hungrige Wandersleute mit einer kleinen Brotzeit zu versorgen. Die restliche Zeit verbrachte er im Tal.

Heute lebt die dritte Generation der Familie auf der Alp und einzig der unvergleichliche Bergblick hat sich nicht verändert. Um die Keimzelle der Hütte hat sich in über 90 Jahren ein Berghotel mit 4 Sterne superior Klassifizierung entwickelt, das seinen Gästen durch den ganzen Jahreskreis besten Komfort und ausgezeichnetes Essen bietet.
Der Blick in die Vorratskammer lehrt, dass das Jahr auf der Alp inzwischen 3 Jahreszeiten bietet, die 3 Bücher kulinarisch üppig füllen. Der Reigen beginnt mit den **Eisblüten** im Winter. Mehr als ein halbes Jahr bestimmen Schnee und Eis den Takt des Lebens, auch dann noch, wenn die Sonnenstrahlen die ersten zarten Blüten an die Oberfläche locken. Wenn das Weiß im Mai weggetaut ist, bricht in ihrer ganzen Fülle und fast übergangslos die **Sommerfrische** los. Der Herbst erntet bunte Blätter im pilzduftenden Wald und sät **Herbstzeitlose** auf die Wiesen. Eine erste kühle Note in der Luft verrät die Nähe zu jener langen Jahreszeit, zu der Winter und Frühling auf dem Berg verschmelzen und der Kreis sich wieder schließt.

In dieser langen Jahreszeit, wenn die Gegenwart eingefroren ist unter einer dicken Schneedecke und die Haustüre zur Schleuse wird zwischen Drinnen und Draußen, ist Wärme ein hohes Gut. Sie findet sich in einem wohlschmeckenden Essen, bei einem guten Glas Wein und in den Erinnerungen und Geschichten der frühen Schlossanger Alp und ihren Menschen.

Es war einmal...
der Schlossanger

der Urschlossanger

Alois Gött

Creszenzia Gött

Alfred Gött

1883
König Ludwig II. träumt von einem Märchenschloss auf der Burgruine Falkenstein. Die Bergwiese unterhalb der Ruine wird im Volksmund zum Schlossanger.

1913
Alois Gött, Urgroßvater von Barbara Schlachter-Ebert, kauft den Schlossanger von einem Pfrontener Bauern und überschreibt ihn seinem Sohn Alfred als Erbteil.

1920
Der erste Weltkrieg ist überstanden, Großvater Alfred, ein gelernter Käser, zieht sommers mit Sack und Pack auf die Alm und macht Milch zu Käse.

1929
Alfred Gött heiratet Kreszenzia Geromüller.

um 1930
Brotzeit und Touristenlager nun auch im Winter

1932
Geburt von Sophie Agatha Victoria Gött, genannt Muck

um 1950
Wirtschaftswunderzeit: harte Arbeit, viele Gäste

1956
Muck Gött und der Herzblutkonditor Anton Schlachter heiraten und übernehmen als 2. Generation die Schlossanger Alp.

1957
Geburt von Freddy Schlachter

1958
Bau des Kachelofens in der Zirbelstube der alten Wirtschaft
Geburt von Anton Schlachter Junior

1961
Umbau: neue Zimmer und Etagenduschen statt Waschschüssel
Geburt von Heidi Schlachter

1964
Geburt von Barbara, dem Nesthäkchen der Schlachters

1964
Aufgabe der Landwirtschaft und Konzentration auf die Gastronomie

1965
Der Unimog löst den Schlitten als wichtigstes Verkehrsmittel im Winter ab.

1970
Anbau für das Restaurant und mehr Zimmer Alle Zimmer bekommen eigene Bäder.

1980
Neubau des Hallenbades
Anbau für großzügige Juniorsuiten

1986
Neubau der Küche

1988
Anton Schlachter Junior mit Familie übernimmt das Burghotel auf dem Falkenstein.

1989
Barbara Schlachter und Bernhard Ebert übernehmen in 3. Generation die Schlossanger Alp.

1990
Barbara Schlachter und Bernhard Ebert heiraten.

1991
Geburt von Beatrice Ebert

1993
Geburt von Bettina Ebert

1995
Renovierung des Kerngebäudes

1996
Geburt von Bastian Ebert

2001
Der Wellness-Bereich Bergquelle wird eröffnet.

2004
Klassifizierung als erstes 4 Sterne superior Haus im Allgäu

2006
Neubau des Abenteuer-Spielplatzes Kuhkuh-Maz und des Wirtschaftsgebäudes

2007
Die kleine Alp entsteht.

In der Küche

Wenn morgens der Arbeitstag in der Küche beginnt, erinnert dort nur frische Bergluft an die einstige Schlossanger Alp, auf der 1950 Mutter Muck gute Brotzeiten und die legendären Schlotfeger Schokoladenrollen gefüllt mit Sahne servierte.
Mit ihrer Rückkehr auf die Alp brachte die Jungmeisterin Barbara Schlachter-Ebert aus ihren erstklassigen Ausbildungsbetrieben Bareiss, Brückenkeller, Schweizer Stuben und Tantris eine Handvoll Sternenstaub mit und hat mit ihm die Allgäuer Wurzeln der Schlossanger Alp zu einer feinen Landhausküche veredelt.

Während der Vorbereitungen für den Küchentag fällt noch das eine oder andere entspannte Wort im Team, doch sobald die erste Bestellung eines Gastes ausgerufen ist, herrscht an allen Plätzen konzentrierte Stille, höchstens eine kurze Ansage unterbricht das Konzert aus Zischen, Dämpfen, Klopfen und Reiben.

Ein taktiler Mensch ist Barbara Schlachter-Ebert, satt wird die Zitrone ausgepresst, ein überflüssiger Kern weggeschnipst, fast nebenbei bringen die Fingerspitzen etwas in Form. Mit dem Fingerstipps nehmen die Poren den Geschmack auf; ein ökonomischer Handgriff zum rechten Gewürz leitet die Verfeinerung ein, gleichzeitig wird einer wild brodelnden Soße im rechten Augenblick das Gas abgedreht. Die Tempiwechsel sind rasant, das Gefühl für Rhythmus steuert präzise zwischen Schnell und Verharren an der richtigen Stelle.

Der Anspruch zur Perfektion ist jederzeit auf die Grundprodukte und die fertigen Speisen gerichtet, nichts entgeht dem geübten Auge. Bei der Küchenausstattung allerdings gibt es kreativen Spielraum, neben dem Einsatz von Profigerät wird auch manch geniale Eignung im Unterwegssein entdeckt. Ein alter Pfannendeckel mit Loch geriert zur Abdeckhaube mit automatischer Belüftung und lässt das Fleisch darunter – von Dämpfen leicht befeuchtet – zur idealen Zartheit braten.

Wenn auch der letzte Teller auf seinem Weg zum Gast ist, dann richtet sich alle Energie auf Spurenbeseitigung, zurück bleibt ein glänzender Arbeitsplatz und frische Bergluft. Denn die Nase kocht immer mit.

Wildentenconfit
mit Äpfeln und Zimt

Zutaten

2 kg Wildentenkeulen
mit Knochen
40 g Meersalz
20 schwarze Pfefferkörner
8 Wacholderbeeren
8 Pimentkörner
1 Zimtstange
2 Lorbeerblätter
2–3 EL Entenschmalz
oder Butterfett
2 l Brühe
1/2 l Rotwein
(Badischer Spätburgunder)
250 g Zwiebelwürfel
250 g Apfelwürfel
(Boskop)

Zubereitung

Meersalz, Pfefferkörner, Wacholderbeeren, Pimentkörner, Zimtstange und Lorbeerblätter zusammen im Mörser leicht zerdrücken. Die Wildentenkeulen damit gut einreiben und im heißen Topf mit Entenfett hellbraun anbraten. Mit dem Rotwein und der Brühe aufgießen und so lange leicht köcheln lassen, bis die Keulen zart gekocht sind. Mit einer Schaumkelle herausnehmen, auf einem Blech leicht abkühlen lassen und in noch lauwarmem Zustand von Haut und Knochen befreien.

Dem Fond die Äpfel- und Zwiebelwürfel zugeben und weich kochen. Nun das Fleisch in grobe Stücke schneiden und in den Fond zurückgeben. Mit Salz und Pfeffer nachwürzen, einmal aufkochen lassen, in Einweckgläser abfüllen und heiß verschließen.

TIPP

Das Confit hält sich etwa 2 Wochen im Kühlschrank und ist mit frischem Bauernbrot und grobem Pfeffer ein schöner Auftakt zu einem Menü.

Wer keinen Mörser hat, kann die Gewürze auf einem Tuch mit dem Tassenboden zerdrücken. Das Tuch hält die Gewürze fest.

Die Wildentenkeulen können jederzeit durch Entenkeulen ersetzt werden.

Pilzterrine und Rehcarpaccio
mit gemischten Blattsalaten in Walnussdressing

Pilzterrine

400 g gemischte Pilze
100 g Zwiebelwürfel
Salz, Pfeffer
Rosmarin, Thymian
20 g Öl
400 g Hähnchenbrustfilets
200 g flüssige Sahne
1 Ei
10 g Salz, Pfeffer, Muskat
Zitronensaft
Portwein
100 g Sahne, geschlagen
50 g Kräuter, gehackt
50 g Pistazien, geschält

Salat

400 g gemischter Blattsalat
100 g gemischte Pilze
Butterfett
Vinaigrette (siehe Grundrezept für Wild und dunkles Geflügel)

Zubereitung

Die Pilze in Würfel von 1 cm Kantenlänge schneiden. Zusammen mit den Zwiebeln und Gewürzen in Öl in der Pfanne anbraten bis sie schön trocken sind; dann auf einem Teller abkühlen lassen.

Die Hähnchenbrustfilets klein schneiden und leicht anfrieren. Zusammen mit der flüssigen Sahne, dem Ei und den Gewürzen in die Moulinette geben und eine Farce herstellen, mit Portwein abschmecken. Durch ein Sieb streichen und die geschlagene Sahne unterheben, dann die kalten Pilze unterziehen. Pistazien und gemischte Kräuter einstreuen. Die Farce in eine Terrinenform füllen und diese klopfen, um Luftblasen zu vermeiden. Im Wasserbad 30 bis 40 Minuten bei 90 °C pochieren, heraus nehmen und in Eiswasser herrunterkühlen.

Den Salat waschen und schleudern, damit das Dressing nicht verwässert. Die Pilze im Butterfett anbraten und mit Salz und Pfeffer würzen. Die Pilze in eine Schüssel geben und 3 bis 4 EL von der Vinaigrette zugeben, ziehen lassen.
Den Rest der Vinaigrette für den Salat beiseite stellen.

Rehcarpaccio

200 g ausgelöster Rehrücken
etwas Rosmarinöl
2 Rosmarinzweige
2 Thymianzweige
1/4 Bund Petersilie
5 Wacholderbeeren
5 Pimentkörner
Salz und Pfeffer
aus der Mühle
Kräuter zum Garnieren

Zubereitung

Den Rehrücken von den Sehnen befreien, mit Salz und dem frisch gemahlenen Pfeffer würzen; mit Öl marinieren. Kräuter hacken, Wacholderbeeren und Pimentkörner im Mörser zerstoßen, alles mischen und den geölten Rehrücken darin wälzen. Nun in Klarsichtfolie einwickeln und mit einer Alufolie in eine gleichmäßige runde Form bringen. Den Rehrücken ins Tiefkühlfach legen und einfrieren.
Der Rehrücken kann auch schon einige Tage vorher vorbereitet werden.

Anrichten

Pilzterrine aus der Form stürzen und Folie abnehmen.
4 Scheiben à 2 cm abschneiden und auf dem Teller platzieren.
Den Rehrücken aus der Folie wickeln, auf der Aufschnittmaschine gefroren in 1,5 mm dünne Scheiben schneiden und auf dem Teller 4 bis 5 Scheiben anrichten.
Den Salat marinieren, zu einem Bouquet richten und mit den gebratenen und marinierten Pilzen umlegen.
Mit Kräutern garnieren.

TIPP

Wer die Farce nicht selbst machen will, kann sich beim Metzger 500 g Brät bestellen und 100 g geschlagene Sahne und Pilze unterheben, damit es lockerer wird. Dann ins Wasserbad geben, wie bei der selbstgemachten Farce.

Den Rehrücken kann man nach dem Würzen mit Preiselbeeren einstreichen. Anschließend in den Kräutern wälzen und wie beschrieben einschlagen.

Kraftvoll holt der Zitronenpresser von Rösle den Saft aus allen Zitrusfrüchten.

Frischkäseterrine
mit gebeiztem Lachs und Spargelsalat

Frischkäseterrine
200 g Frischkäse
1/2 Zitrone
50 g gemischte Kräuter, gehackt
2 Blatt Gelatine (siehe Grundrezept)
150 ml geschlagene Sahne

Lachs
250 g Wildlachs
Olivenöl
Fleur de Sel
100 g Dill

Salat
200 g gemischter Salat

Vinaigrette
(siehe Grundrezept für Fisch)

Spargelsalat
500 g Spargel
Salz, Pfeffer, Zucker
20 g Butter
4 Kirschtomaten

Zubereitung

Die Zitrone ausdrücken, den Saft mit dem Frischkäse und den Kräutern verrühren. Die Gelatine zubereiten und zur Frischkäsecreme geben. Gut durchmischen, dann die geschlagene Sahne unterheben.
Eine Form mit Frischhaltefolie auslegen und die Masse hineingeben, glatt streichen und mit Klarsichtfolie verschließen. Für 2 bis 3 Stunden in den Kühlschrank kalt stellen. Wahlweise kann die Frischkäseterrine auch schon einen Tag vorher vorbereitet werden.

Den Wildlachs in 1/2 cm große Stücke schneiden. Olivenöl auf einem Teller verstreichen und mit Fleur de Sel bestreuen, den Lachs darauf legen und nochmals würzen. Den Dill fein schneiden, darüberstreuen und mit Olivenöl beträufeln, mit Folie bedecken und für 2 bis 3 Stunden kalt stellen und ziehen lassen.

Die Vinaigrette halbieren, einen Teil für den Spargelsalat auf die Seite stellen, einen Teil für das Salatbukett in eine Schale geben.
Den gemischten Salat waschen und unbedingt trocken schleudern, damit die Vinaigrette nicht verwässert, dann beiseite stellen und erst kurz vor dem Servieren unterheben.

Den Spargel schälen und im Wasser mit einer Prise Salz, etwas Zucker und Butter bissfest kochen. Herausnehmen, warm in Stücke schneiden, in die Vinaigrette legen und dort abkühlen lassen.
Die Kirschtomaten sechsteln und dazugeben.

Anrichten

Den Salat mit der Vinaigrette marinieren und zu Buketts formen. Frischkäseterrine stürzen und Folie abziehen, 4 Stücke abschneiden und auf je einen Teller geben. Den Lachs von dem Dill befreien, anlegen und mit Spargelsalat garnieren.

Salatdressing
mit Kräutern und Buttermilch

Zutaten

100 ml Branntweinessig
1 Eigelb
1 TL Senf
12 g Salz
15 g Zucker
5 g Pfeffer
50 g Zwiebelwürfel
50 g Kräuter, gehackt
250 g Pflanzenöl
250 g Buttermilch

Zubereitung

Branntweinessig, Eigelb, Senf, Salz, Zucker, Pfeffer in den Mixer geben. Die Zwiebelwürfel kurz mit etwas Öl in der Pfanne anschwenken, zusammen mit den Kräutern in den Mixer geben. Das Pflanzenöl nach und nach beifügen, währenddessen weitermixen. Erst zum Schluss die Buttermilch dazugeben, damit die Soße schön leicht bleibt.

TIPP Diese Dressing-Soße kann man 2 bis 3 Tage im Kühlschrank aufheben, am besten in einer Flasche mit Stöpsel oder im Weckglas. Wegen des rohen Eigelbs ist der Kühlschrank ein Muss!

Die Feinzutaten am besten mit der Briefwaage abwiegen.

In der Schlossanger Alp

Der Schritt über die Schwelle führt in eine Innenwelt von lebendigen Hölzern, robusten Stoffen und erdigen Farbtönen. Kleine und große Dinge des Allgäuer Landlebens breiten sich in alle Winkel aus und bereiten dem Besucher der Schlossanger Alp einen freundlichen und warmherzigen Empfang.

Der lichte Wintergarten, die weitläufige Restaurantebene, überraschende und verborgene Nischen laden allerorten zum Niederlassen und Genießen ein. In der historischen Stube mit dem alten Kachelofen lässt sich der schnelle Gang der Welt an den urigen Holztischen vergessen, ein Blick auf den begehbaren Weinschrank inspiriert zum ausführlichen Beratungsgespräch mit dem Hausherrn Bernhard Ebert.

Feinschmeckern wie Liebhabern der Allgäuer Küche geht beim Blick in die Speisekarte gleichermaßen das Herz – und der Magen auf. Die Köchin ist ein Mitglied der ‚Jeunes Restaurateurs', einer Vereinigung, in der sich die jungen Spitzenköche Deutschlands zusammengeschlossen haben. Ihre Küche gehört zu den Besten im Allgäu, längst schon wurde sie von den gewichtigen Gourmet-Führern mit Lob zur Kenntnis genommen. Und so breitet sich denn am Ende des Tages in den Gesichtern ein ähnlich entspannter Glanz aus wie nach einem Besuch des großzügigen Wellnessbereiches ‚Berg Quell', wo sich der Alltagsstress zwischen hitzigen Saunabädern und wohligen Massagen verflüchtigen darf. Der Weg zu einem erfrischten Selbst führt durch die Kälte: nach der Sauna kommt der atemberaubende Sprung in den Schnee und dann der weite, tiefblaue Blick durch das Glasdach der ‚Himmelspforte', dem Raum der Stille, wo Kreislauf und Gedanken zur Ruhe kommen.

Danach gibt es nur noch einen Platz, der schöner ist: im warmen Bett unter einer weichen Daunendecke, mit Blick auf den Allgäuer Landhausstil. Dann kann am Morgen ein neuer Tag auf und in der Alp beginnen.

Schweinebauch
mit feinem Krautsalat und Meerrettichcreme

Schweinebauch
800 g Schweinebauch
Salz, Pfeffer, Kümmel
100 g Zwiebeln
80 g Sellerie, 80 g Karotten
50 g Petersilienstiele
1/2 l Dunkelbier

Krautsalat
400 g Weißkraut
Salz und Pfeffer
3 EL weißer Balsamico
2 EL Olivenöl
glatte Petersilie, gehackt

Meerrettichcreme
100 g Sauerrahm
2 EL Meerrettich, frisch gerieben
1 TL Zitronensaft
Salz, Pfeffer, 1 Prise Zucker

Zubereitung
Den Schweinebauch kurz in 1 Liter heißem Wasser blanchieren. Dann mit dem Lineal und einem scharfen Messer Rauten in die Schwarte ritzen und mit Salz, Pfeffer und Kümmel würzen.
Zwiebeln, Sellerie und Karotten schälen und grob würfeln, mit den Petersiliestielen in eine Bratenreine geben. Das Fleisch mit der Schwarte nach unten auf dieses Gemüsebett legen und bei 200 °C in den Ofen schieben. Nach der ersten leichten Bräunung abwechselnd mit Bier und Wasser abgießen. Nach 50 Minuten umdrehen und die Schwarte schön knusprig werden lassen. In der Zwischenzeit das Kraut herrichten.

Das Weißkraut von den äußeren Blättern und dem Strunk befreien und in feine Streifen schneiden, mit Salz und Pfeffer würzen und gut durchkneten. Weißen Balsamico und Olivenöl dazugeben, alles zusammen nochmals richtig weich kneten und mit glatter Petersilie bestreuen.

Alle Zutaten gut miteinander verrühren und kalt stellen.

Anrichten
Den Schweinebauch in rechteckige Stücke teilen, den Krautsalat in der Tellermitte platzieren und den Schweinebauch anlegen. Mit Meerrettichcreme nappieren und mit Feldsalat garnieren. Tomaten anlegen und Schnittlauch als Farbkleckse anstreuen.

TIPP Zum Anritzen der Speckschwarte lässt sich statt eines scharfen Messers auch ein Teppichmesser vortrefflich einsetzen.

Perlhuhnfleischpflanzerl
mit Gemüserauten, winterlichen Blattsalaten und gebratenen Austernpilzen

Perlhuhn-fleischpflanzerl

1 Perlhuhn
100 g Zwiebelwürfel
2 altbackene Semmeln
1 Ei
Salz, Pfeffer
Curry
Cayennepfeffer
Thymian
1/2 TL Senf
50 g Nussbutter

50 g Sesam
50 g Weißbrotbrösel, ohne Rinde
Butterschmalz zum Braten

Zubereitung

Zwiebelwürfel in der Pfanne anbraten und erkalten lassen.
Das Perlhuhn von Haut, Knochen und Sehnen befreien, das Fleisch mit den gebratenen Zwiebeln durch den Wolf drehen.

Die altbackenen Semmeln in heißem Wasser einweichen, zwischen zwei gleich großen Kugelsieben ausdrücken und zugeben. Die restlichen Zutaten beifügen und daraus eine Hackmasse bereiten. Eine halbe Stunde im Kühlschrank ruhen lassen. Dann zu Fleischpflanzerln formen und bis zum Gebrauch kalt stellen.
In Sesam und Weißbrotbröseln wälzen und in der Pfanne mit Butterschmalz anbraten, im Ofen bei 60 °C warm halten.

Salat
Vinaigrette (siehe Grundrezept zu Geflügel)
150 g Salat (Lollo Rosso, Feldsalat und Endivien)

Gemüsesalat
150 g Karotten
150 g Sellerie
100 g Petersilienwurzel
150 g Lauch
20 g glatte, gehackte Petersilie
Kerbel, Sesam zum Garnieren

Pilze
150 g Austernpilze
20 g Zwiebelwürfel
20 g Butter
1/2 EL gehackte Petersilie
Salz, Pfeffer zum Würzen

Zubereitung

Den Salat wässern und gut schleudern, Vinaigrette nach Grundrezept zubereiten, beides beiseite stellen.

Karotten, Sellerie, Petersilienwurzel schälen und in Rauten schneiden, dann in Salzwasser blanchieren, in Eiswasser abschrecken, abtropfen lassen und mit der Hälfte der Vinaigrette marinieren.

Lauch putzen und in Rauten schneiden, ebenfalls blanchieren, allerdings nicht mit dem anderen Gemüse zusammen. Erst kurz vor dem Anrichten den Lauch zum marinierten Gemüse geben, da sonst die grüne Farbe durch die Säure verloren geht. Mit Petersilie bestreuen.

Die Austernpilze in mundgerechte Stücke schneiden, mit den Zwiebelwürfeln in der Butter anbraten. Pfeffer, Salz und gehackte Petersilie zum Schluss dazugeben.

Anrichten

Die gebratenen Perlhuhnfleischpflanzerl auf dem marinierten Gemüsesalat platzieren, die winterlichen Blattsalate mit der zweiten Hälfte der Vinaigrette anrichten und mit Kerbel und Sesam garnieren.

TIPP Die Fleischpflanzerl sind ein Hit für Kinder!

Das Perlhuhn lässt sich auch durch Hühnerbrüstchen ersetzen, jedoch sollte man beim Einkauf darauf achten, dass das Fleisch ungewürzt ist.

Aus den Perlhuhnkarkassen lässt sich ein ausgezeichneter Geflügelfond zubereiten.

Es war einmal...
der Winter

Wenn sich im letzten Jahrhundert der Schnee auf dem Weg zum Schlossanger türmte, war die kleine Alphütte fast abgeschnitten vom Leben im Tal. Nur mit dem Schlitten war der Weg hinunter noch passierbar und machte ihn zum wichtigsten Verkehrsmittel der kalten Jahreszeit. Lebensmittel, Mehlsäcke, selbst Bierfässer wurden mit dem Pferdeschlitten nach oben gezogen. Und wenn selbst mit dem Schlitten kein Durchkommen mehr war, wurden sämtliche Einkäufe auf den eigenen Rücken gepackt!

Für die Kinder von Alfred und Kreszenzia Gött war die Rutschpartie ins Tal reines Vergnügen; solange sie noch klein waren, durften sie mit dem Schlitten spazieren fahren. Doch sobald die Schule anfing, wurden die Skier zum Transportmittel der Wahl. Jeden Morgen im ersten Morgengrauen schnallten Muck und ihr Bruder die ‚Brettl' unter die ledernen Skischuhe und arbeiteten sich, dick vermummt gegen die Kälte, durch den Schnee Richtung Tal. Oft mussten sich die Kinder ihren Weg durch Gebüsch und Unterholz bahnen, um die meterhohen Schneeverwehungen auf dem Weg zu umgehen. Erst bei den ersten Häusern des kleinen Örtchens Meilingen konnten die Ski abgestellt und der Rest des Weges bis zum Schulhaus zu Fuß zurückgelegt werden.

Die Spur, die die Kinder allmorgendlich in den Schnee zogen, war für den Vater Alfred Gött die wichtige Lebensader ins Tal. Sportliche Urlauber folgten dieser Fährte bis hinauf auf die Alp, um dort für eine Brotzeit oder ein winterliches Ferienlager einzukehren. Höchsten Wert legte der Vater auf eine gut sichtbare und ordentliche Spur – und fuchsteufelswild konnte er werden, wenn es nicht recht gelungen war.

Gäste, die den Winter auf der Alp ohne Anstrengung genießen wollten, wurden mit dem Schlitten abgeholt, solange es Schnee und Eis zuließen. Zuviel der weißen Pracht, das gab es trotzdem nicht. Der Himmel wusste schon, wann es wieder aufhören sollte zu schneien.

Schlossanger Alp 1970

Opa Alfred mit seinen vier Enkeln

Schlossanger Alp 1964

Rehessenz

mit Maultaschen und Selleriestreifen

Zutaten

1 kg Knochen vom Rehrücken, gehackt
500 g Fleischabschnitt vom Wild
100 g Rindfleisch
2 Bund Suppengrün
Pilzabschnitte
1 EL Tomatenmark
20 g Petersilienstängel
20 g Rosmarinstängel
1 EL Rosmarin
1/2 l Wildfond
1/4 l Rotwein
100 ml Portwein
Salz, Pfeffer
2 Lorbeerblätter
5 Wacholderbeeren
3 Eiweiß

80 g Sellerie als Einlage
Wacholderbeeren und Rosmarin zum Garnieren

Maultaschen
(siehe Grundrezept)

Zubereitung

Öl im Topf erhitzen und die klein gehackten Knochen darin anrösten. Nun Tomatenmark, Suppengrün, Pilzabschnitte, Kräuterstängel und Rosmarin zufügen, kurz mitbraten und mit etwas Rotwein ablöschen. Vom Herd ziehen und erkalten lassen.

Die Fleischabschnitte vom Wild und das Rindfleisch durch den Wolf mit grober Scheibe lassen, mit Salz und Pfeffer würzen, die Eiweiße unterrühren und alles zu den kalten Knochen geben. Alles noch einmal gut durchmischen und mit 2 Litern Wasser, Rotwein und Wildfond auffüllen, die Lorbeerblätter und Wacholderbeeren zugeben. Anschließend langsam aufkochen lassen und dabei regelmäßig umrühren. Sobald das Fleisch oben schwimmt, nicht mehr rühren und die Suppe 2 bis 3 Stunden köcheln lassen, um den Geschmack und die Kraft von Fleisch und Knochen optimal herauszuholen. Zum Schluss durch ein Tuch passieren und mit Portwein verfeinern.

Den Sellerie schälen, in Streifen schneiden, kurz blanchieren und als Suppeneinlage bereithalten.

Maultaschen nach Grundrezept zubereiten oder fertig gekaufte Maultaschen verwenden.

Anrichten

Maultaschen in die vorgewärmten Suppentassen geben und die heiße Rehessenz einfüllen. Selleriestreifen in die Suppe einlegen, mit Wacholderbeeren und Rosmarin garnieren.

Meerrettichrahmsuppe
mit Tafelspitzwürfeln

Zutaten
300 g Tafelspitz
5 Markknochen
1 Stange Lauch
1 Karotte
50 g Staudensellerie
1 Zwiebel
1 Zweig Thymian
10 Pfefferkörner
1 1/2 Lorbeerblatt
35 g Mehl, 25 g Butter
500 ml Tafelspitzbrühe
500 ml flüssige Sahne
Salz
3 EL Meerrettich
aus dem Glas

Einlage
Tafelspitzwürfelchen
Brotwürfelchen
(siehe Grundrezept)
2 EL geschlagene Sahne
Kerbelblättchen

Zubereitung
Markknochen mitsamt Thymian, Pfefferkörnern und den Lorbeerblättern in einen Topf geben und mit 2 Litern kaltem Wasser auffüllen, so dass alles schön bedeckt ist, und bei milder Hitze köcheln lassen. Dann Lauch, Karotte, Staudensellerie und Zwiebel in grobe Scheiben schneiden und zusammen mit dem Tafelspitz in die heiße Brühe geben. Etwa 3 bis 5 Stunden weiter köcheln lassen, bis der Tafelspitz weich ist.

Von der so gewonnenen Rinderbrühe 500 ml abmessen und mit der Sahne mischen. Aus Mehl und Butter eine helle Mehlschwitze herstellen und bei kräftigem Rühren in die Sahne-Brühemischung geben. Mit Meerrettich und Salz abschmecken und nochmals mindestens 10 Minuten köcheln lassen. Im Mixer aufschlagen und zum Schluss durch ein Sieb passieren.

Anrichten
Den Tafelspitz in kleine Würfel schneiden, in vorgewärmte Suppentassen verteilen und mit der heißen Suppe begießen. Garnieren mit angerösteten Weißbrotwürfeln, geschlagener Sahne und Kerbel

TIPP
Vegetarier können den Tafelspitz durch gebratene Austernpilze oder ein beliebiges Gemüse wie etwa Kohlrabiwürfelchen schmackhaft ersetzen. Anstelle von Kerbel passt auch Schnittlauch. Die Suppe kann auch mit 100 g frisch geriebenem Meerrettich gekocht werden.

Die einfache Gabelprobe ist immer noch das zuverlässigste Messinstrument für den Grad der Weichheit des Fleisches: Rutscht es leicht von der Gabel, ist es gar.

Kartoffelsuppe
mit Sahnehäubchen und Brotwürfelchen

Zutaten   für 10 Personen

- 60 g Butter
- 200 g Zwiebelwürfelchen
- 100 g Karotten
- 100 g Sellerie
- 400 g rohe Kartoffeln
- 400 g gekochte Kartoffeln
- 1 l Brühe, 1 l Milch
- 200 ml Sahne
- Majoran, frisch oder getrocknet
- Salz, Pfeffer, Muskat
- 2 EL glatte Petersilie oder die Sellerieblätter frisch gehackt
- Brotwürfelchen (siehe Grundrezept)

Zubereitung

Karotten und Sellerie auf der Reibe fein raffeln. Die rohen Kartoffeln in Würfel von etwa 1/2 cm Kantenlänge schneiden. Die gekochten Kartoffeln durch die Kartoffelpresse drücken.

Die Zwiebelwürfel in Butter glasig dünsten, Majoran zugeben. Mit Salz, Pfeffer und Muskat würzen. Die durchgedrückten Kartoffeln beigeben und mit der Brühe und der Milch auffüllen. Das Ganze kurz aufkochen lassen, danach mit dem Mixstab fein moussieren. Das geraffelte Gemüse sowie die in Würfel geschnittenen, rohen Kartoffeln zugeben. Die Suppe solange köcheln, bis die Kartoffeln weich sind.
Zum Schluss die Sahne zugeben und je nach Geschmack würzen.

Anrichten

Die Suppe in Schalen geben. Gehackte Petersilie oder Sellerieblätter darüber streuen, mit den in Butter gerösteten Brotwürfelchen garnieren.

TIPP   Diese Suppe sollte tatsächlich in dieser Menge zubereitet werden, da sie dann einfach besser schmeckt.
Außerdem ist sie ausgezeichnet zum Einfrieren geeignet.

Spargelsuppe
mit Spargelragout

Zutaten

60 g Zwiebelwürfelchen
40 g Butter, 60 g Mehl
1 l Spargelfond
1/8 l Weißwein

4 Stangen Spargel
Butter
1 Bund Kerbel

2 Eigelb
200 ml flüssige Sahne
Brotwürfelchen
(siehe Grundrezept)

Zubereitung

Für die Suppe die Zwiebelwürfel in der Butter glasig dünsten, das Mehl beigeben und glatt rühren. Erst den kalten Spargelfond, danach den Weißwein zügig zur Mehlschwitze geben. 15 Minuten auskochen lassen, abschmecken und durch ein Sieb abpassieren.

Spargel in 1 cm lange Stücke schneiden. Spargelstückchen in Butter kurz anschwenken, dann in Porzellanschiffchen füllen und mit Kerbelblättchen garnieren.

Vor dem Servieren der Suppe das Eigelb mit Sahne glatt rühren und der kochenden Suppe beigeben. Sofort vom Herd ziehen und nun nicht mehr kochen lassen, damit das Eigelb nicht ausflockt. In vorgewärmte Suppentassen füllen, mit geschlagener Sahne und Brotwürfelchen garnieren.

TIPP Ein Spargelfond, in dem Spargel ausgekocht wurde, verdient, dass man eine Spargelsuppe aus ihm kocht! Deshalb sollte man immer darauf achten, dass das Wasser nicht zu salzig wird, sondern es fein abschmecken.

Eine Spargelsuppe eignet sich auch zum Einfrieren, jedoch sollte dann auf das Eigelb verzichtet werden. Dieses sollte immer erst vor dem Servieren eingerührt werden. Je nach Geschmack darf das Ei auch ganz weggelassen werden.

Ich habe Spargelsuppe schon auf viele verschiedene Arten ausprobiert, und sie ist und bleibt die einzige Suppe, die ich noch mit Mehl koche – anders schmeckt sie nicht so gut!

Es war einmal...
die Landwirtschaft

nach getaner Arbeit

Alfred beim Holzen

ich wollt' ich wär' ein Huhn

Bärlauch-Quarknockerl
auf Spargelstücken, mit brauner Butter und Paprikawürfeln

Nockerl
100 g Zwiebelwürfelchen
1 EL Olivenöl
150 g Bärlauch
300 g Weißbrotwürfelchen
120 g Quark
3 Eier
150 ml Milch
50 g Mehl
50 g Bergkäse, gerieben
Salz, Pfeffer, Muskat

Beilagen
60 g Nussbutter
(siehe Grundrezept)
50 g rote Paprika
1 kg Spargel
Zucker, Zitrone
etwas Butter

Zubereitung

Die Zwiebelwürfelchen in Olivenöl andünsten. Den Bärlauch kurz blanchieren, abkühlen und fein pürieren. Alle Zutaten in eine Schüssel geben, zu einer homogenen Masse vermengen und zu kleinen Nockerln formen. Salzwasser zum Kochen bringen und die Nockerl darin 12 bis 15 Minuten köcheln lassen.

Die Paprika in Würfel schneiden und in die heiße Nussbutter geben. Leicht anbraten.

Den Spargel schälen und in Salzwasser mit Zucker, Zitrone und einem Stich Butter etwa 12 bis 15 Minuten bissfest kochen. Spargel aus dem Wasser nehmen, in Stücke von 6 cm Länge schneiden und auf dem Teller anrichten.

Anrichten

Die Knödel aus dem Wasser heben, auf Krepppapier abtropfen lassen und mit dem gekochten Spargel anrichten. Mit brauner Paprika-Butter nappieren und mit gehobeltem Bergkäse garnieren.

TIPP Je nach Jahreszeit kann der Bärlauch durch glatte Petersilie ersetzt werden, anstelle von Spargel passen auch Schwarzwurzel, Kohlrabi oder Topinambur.

Kartoffelknödel
mit Obazda gefüllt, auf Weinkraut

Kartoffelmasse
600 g mehlig kochende Kartoffeln
4 Eigelb
200 g rohe Kartoffeln
60 g Kartoffelstärke
Salz, Pfeffer, Muskat

Obazda-Füllung
1 reifer Camembert
1 Eigelb
50 g Zwiebelwürfelchen
1 TL Schnittlauch, geschnitten
Salz, Pfeffer
Kümmel, Paprika

Panade
Mehl
Ei
Semmelbrösel
Pflanzenfett

Zubereitung

Die Kartoffeln schälen, in kaltem, gesalzenen Wasser auf dem Herd aufsetzen und gar kochen. Abgießen und 5 Minuten im Ofen ausdampfen lassen, dann durch die Kartoffelpresse drücken.

In der Zwischenzeit die rohen Kartoffeln fein reiben und mit Hilfe eines Tuches gut ausdrücken. Diese dann mit der gekochten Kartoffelmasse, den Eigelben und der Kartoffelstärke vermengen und mit Salz, Pfeffer und Muskat würzen. Die Masse portionieren, mit der Käsemasse füllen und zu Knödelchen formen.

Den reifen Camembert mit der Gabel zerdrücken, dann die restlichen Zutaten zugeben und vermengen.

Die Knödelchen mit Mehl, Ei und Semmelbrösel panieren und in heißem Pflanzenfett ausbacken.

Weinkraut

500 g Weißkraut
30 g Butterschmalz
50 g Zwiebelwürfelchen
60 ml trockener Weißwein (Weißburgunder)
50 g Petersilie, gehackt
Muskat
Salz, Pfeffer
Majoran

Zubereitung

Das Weißkraut vom Strunk befreien und in feine Streifen schneiden. Butterschmalz in einem Topf zergehen lassen und die Zwiebeln darin glasig dünsten. Das Kraut zugeben und anschwitzen, mit Weißwein ablöschen und zugedeckt etwa 15 bis 20 Minuten dämpfen lassen. Mit Salz, Pfeffer, Muskat und Majoran abschmecken.

Wer möchte, kann eine Paprika in feine Würfel schneiden und zum Schluss untermischen.

TIPP Für die rechte Größe und das Formen der Knödelmasse ist ein Eisportionierer ideal!

Besonders lecker schmeckt es, wenn man etwas Kräuterpesto über das Gericht träufelt.

Wer keine rohen Zwiebeln im Obazda mag, kann diese in der Pfanne vorher anbraten, erkalten lassen und dann zugeben.

Käsespätzle
mit Kalbsbries

Käsespätzle

200 g Mehl
200 g Dunst
(griffiges Mehl)
4 Eier
200 ml Milch
Salz, Muskat
4 EL Butter
200 g Emmentaler,
gerieben
100 g Bergkäse,
gerieben
1 Zwiebel
40 g Butterfett
etwas Mehl zum Stauben

Zubereitung

In einem großen Topf reichlich Salzwasser zum Kochen bringen.
Die beiden Mehle, Eier, Muskat, Milch und etwas Salz in einer Schüssel rasch zu einem festen Teig verarbeiten. Den Spätzleteig mit einem Spätzlehobel oder einem Messer von einem nassen Brett in das kochende Salzwasser schaben und einige Minuten ziehen lassen.
Die Spätzle sind gar, wenn sie an die Oberfläche kommen.
Die Spätzle mit einem Schaumlöffel aus dem Wasser nehmen, abtropfen lassen und in geschmolzener Butter in der Pfanne schwenken, dann mit geriebenem Käse bestreuen und weiter schwenken.
Kurz ruhen lassen bis der Käse Fäden zieht.

Zwiebeln in dünne Ringe schneiden, mit Mehl bestauben und in heißem Butterfett goldbraun rösten.

Kalbsbries

300 g Kalbsbries, gewässert
100 ml Weißwein
1 Lorbeerblatt
1/2 TL Pfefferkörner
1 TL weißer Balsamico-Essig
1/2 TL Salz
Pfeffer aus der Mühle
Mehl
Ei
Semmelbrösel

Butterfett
Schnittlauch zum Garnieren

Zubereitung

Das Kalbsbries 2 bis 3 Tage in 1 Liter kaltem Wasser wässern, damit es schön weiß ist. Für den Weißweinfond das Wasser mit Wein, Lorbeerblatt, Pfefferkörnern, Salz und Essig aufkochen.
Das Kalbsbries 15 Minuten in diesem Fond blanchieren und darin erkalten lassen, dann herausnehmen und in Stücke teilen.
Mit Salz und Pfeffer würzen, in Mehl und Ei wenden, mit Semmelbröseln panieren und im Butterfett schwimmend ausbacken.

Anrichten

Die Käsespätzle mit den Zwiebeln, etwas grobem Pfeffer und Schnittlauch in einen tiefen Teller geben. Das gebackene Kalbsbries darauf anrichten.

TIPP Für Vegetarier lässt sich das Kalbsbries auch durch gebackene Champignons ersetzen. Hierfür die rohen Champignons erst mit Zitronensaft beträufeln, dann mit Salz und Pfeffer würzen – so bleiben die Gewürze auf den Pilzen und rutschen nicht ab. Danach wie gewohnt panieren und ausbacken.

Zum Verfeinern der Kässpätzle am Schluss 2 bis 3 EL flüssige Sahne einschwenken. Dies gibt einen zarten Schmelz. Hierfür eignet sich eine Teflonpfanne am besten, damit der Käse nicht ansetzt oder gar anbrennt.

Es war einmal...
das Leben

Als 1932 dem Gründervater Alfred und seiner Frau Creszenzia eine Tochter geboren wurde, war das Leben in den Allgäuer Bergen, bei aller Schönheit rundherum, ein steter Überlebenskampf. Sobald sie laufen konnte, bekam auch Sophie Agatha Victoria Gött, genannt Muck, von der Mama kleine Aufgaben zu erledigen und trug so ihr Scherflein zum täglich' Brot der Familie bei.

Eine Kindheit auf der Alp war hart. Die Tage waren lang und wurden von den jahreszeitlichen Anforderungen der Landwirtschaft und den Bedürfnissen der Tiere bestimmt. Kühe, Ziegen und Hühner waren wichtige Nahrungsmittellieferanten, dazu kamen die Arbeitstiere. Pferde wurden vor Schlitten und Bierwagen gespannt oder zogen ganze Baumstämme aus dem schwer zugänglichen Bergwald. Ein Muli diente bergauf, bergab, als Lastenträger.

Mucks Vater Alfred stellte bis weit in die fünfziger Jahre des letzten Jahrhunderts Rotschmierkäse her und den typischen Allgäuer Weißlacker – zur Selbstversorgung und für die immer zahlreicher werdenden Gäste in der Stube. Zwischen Küche und Gastraum lag auch das Lieblingsrevier von Muck. Zwar war sie häufig in der Küche anzutreffen, doch lieber half sie beim Servieren, auch bei Festen unten im Tal. Dort begegnete ihr auch Anton Schlachter, der sie immer öfter mit seinem Motorrad auf die Alp hinauffuhr und schließlich ganz blieb.

Dem Konditor Anton war das Kochen auf den Leib geschrieben, und auch das alte Sennhandwerk erlernte und übernahm er von Schwiegervater Alfred. Bis die immer gestrengeren Vorschriften Muck und ihrem Mann Anton die rechte Freude am Käsen und an der Tierhaltung nahmen und sie den Wandel von der Alpwirtschaft zur Gastronomie endgültig vollzogen. Der alte kupferne Käsekessel wurde erst zum Waschzuber und dann zum Erinnerungsstück vor der Alp; im stetigen Auf und Ab zwischen Sonne und Regen hütet er den Tanz der Wasserläufer.

Zander auf Rote Bete-Soße
mit Belugalinsenragout

Rote-Bete-Soße

300 g frische Rote Bete
2 Lorbeerblätter
3 Sternanis
1 Abrieb von 1 Orange
3 Pimentkörner
2 Nelken
1 Zimtstange
1/2 TL schwarze Pfefferkörner
1/2 TL Kümmel
2 EL Zucker
10 g Salz
1 EL Essigessenz (80 %)
1/2 l Apfelsaft
100 ml Sahne
20 g Butter
Salz
Zitronensaft

Zander

600 g Zanderfilet mit Haut
Salz
Zitrone
Mehl (Dunst)
Butterfett

Zubereitung

Die Rote Bete schälen und auf der Reibe fein reiben. Die Gewürze im Mörser fein stoßen, mit dem Apfelsaft und der Essigessenz zur Roten Bete geben und alles köcheln lassen bis es weich ist. Dann durchmixen, abpassieren und in Eiswürfelförmchen einfrieren. Pro Portion Soße benötigt man 1 Rote-Bete-Würfel.

Die gefrorenen Rote-Bete-Würfel in die Sahne geben und aufkochen. Butter einmontieren und mit etwas Salz und Zitronensaft abschmecken.

Das Zanderfilet mit der Haut in 8 gleichgroße Stücke portionieren, mit Salz und Zitrone würzen. Haut mit Mehl stauben, in Butterfett anbraten, dann auf Krepppapier abtropfen lassen und warm stellen.

Belugalinsen

100 g Belugalinsen
50 g Zwiebelwürfelchen
Butterfett
50 g Weißwein
1 Lorbeerblatt
1 Nelke
100 g geschälte Kartoffeln
50 g Karottenwürfel
50 g Selleriewürfel
2 EL Olivenöl
10 g glatte Petersilie
Salz und Pfeffer

Beilage

12 Thaispargel
50 g Austernpilze

Zubereitung

Die Belugalinsen 2 Stunden in 300 ml Wasser einweichen. Die Zwiebelwürfelchen in Butterfett angehen lassen und mit den Linsen samt Einweichwasser ablöschen. Mit Weißwein, Lorbeerblatt und Nelke etwa 20 Minuten köcheln. Für eine leichte Bindung Kartoffeln frisch reiben, in die bissfesten Linsen geben und weiter köcheln lassen.
Kurz vor der Fertigstellung die Karottenwürfel und Selleriewürfel mit einer Kantenlänge von etwa 3 mm zugeben. Alles miteinander kochen lassen und mit Salz, Pfeffer und Olivenöl abschmecken.
Petersilie hacken und zum Schluss dazugeben.

Thaispargel in Salzwasser garen. Austernpilze in der Pfanne anschwenken.

Anrichten

Die Belugalinsen mit Hilfe einer Ringform in der Mitte des Tellers platzieren, den Ring wieder entfernen. Soße um den Ring gießen und den gebratenen Zander oben auflegen. Spargel und Austernpilze anlegen.

TIPP Das Gericht lässt sich auch mit dem klassischen Weihnachtskarpfen zubereiten. Die Rote-Bete-Eiswürfel können schon einige Tage vorher zubereitet werden.

Als Mehl für den Fisch verwende ich am liebsten Dunst, auch „griffiges Mehl" oder „Spätzlemehl" genannt. Die Mehlschicht auf der Haut ist dadurch dünner und brät sich gleichmäßiger.

Super scharf, robust und leicht zu reinigen sind die Reiben von Rösle.

Riccottaklößchen und Waller
im Speckmantel auf Blattspinat

Riccottaklößchen
250 g Riccotta
40 g Bergkäse, gerieben
40 g Mehl
Salz, Pfeffer und Muskat
50 g Blattspinat

Waller
250 g Wallerfilet
4 Scheiben rohes Wammerl, dünn geschnitten
etwas Zitronensaft, Salz
50 g Butterfett
80 g Nussbutter (siehe Grundrezept)
2 Scheiben Toastbrot
4 Partytomaten
etwas Petersilie

Blattspinat
200 g Spinat
1 Scheibchen Knoblauch
etwas Zitronensaft
Salz, Pfeffer und Muskat
Butter, 20 g glatte Petersilie zum Garnieren

Zubereitung

Den Blattspinat blanchieren und fein hacken. Riccotta, geriebenen Bergkäse, Mehl und die Gewürze gut verrühren und 1 Stunde kalt stellen. Dann den gehackten Spinat unter die Masse rühren.
Nun mit einem Esslöffel gleich große Nocken formen, auf Klarsichtfolie setzen und nochmals zum Ruhen kalt stellen.
Die Nocken vor dem Anrichten in leicht simmerndem Salzwasser 10 Minuten ziehen lassen.

Das Wallerfilet in 4 gleich große Teile schneiden, mit etwas Zitronensaft beträufeln und Salz würzen, die Wammerlscheiben um die Filets wickeln und dann in einer Teflonpfanne mit Butterfett anbraten.

Den Toast entrinden und in Würfel schneiden, in die Nussbutter geben und leicht anrösten. Die Tomaten vierteln, die Petersilie hacken und ebenfalls der Nussbutter zufügen, mit Salz und Pfeffer würzen.

Den geputzten Blattspinat blanchieren und beiseite stellen.
Kurz vor dem Servieren den Spinat zusammen mit Knoblauch, Salz, Pfeffer, Zitronensaft und Muskat in etwas Butter erhitzen.

Anrichten

Den Spinat in tiefen Tellern flach anrichten. 3 Klößchen und den Waller auf dem Spinat platzieren, mit der Nussbutter übergießen und als Garnitur glatte Petersilie einstecken.

TIPP Vegetarier lassen den Waller mitsamt Wammerl einfach weg.
Wer mag, kann noch Pilze mit anbraten und zur Nussbutter geben.

In der Familie

Wirkerts Mus

mit gebratenem Hirschfilet und Champignons

Wirkerts Mus
300 g Brühe
60 g geschrotetes Korn
(Weizen, Roggen, Dinkel)
30 g Butter
1 Spritzer Zitronensaft
Salz, Pfeffer, Piment

Hirschfilet und Austernpilze
2 Hirschfilets à 250 g
20 g Butterfett
Rosmarin, roter Pfeffer
50 g Petersilie, gehackt
80 g Champignons
Salz und Pfeffer
20 g glatte Petersilie
zum Garnieren
30 g Nussbutter
(siehe Grundrezept)

Soße
400 g Wildjus
(siehe Grundrezept)
10 Wacholderbeeren
200 ml Sahne

Zubereitung

Die Brühe aufkochen, das geschrotete Korn zufügen und weich quellen lassen. Butter einmontieren, mit einem Spritzer Zitronensaft, Salz, Pfeffer und Piment würzen.

Die Hirschfilets von den Sehnen befreien und am Stück mit Salz und Pfeffer würzen. In Butterfett anbraten, dann in gehackter Petersilie, Rosmarin und rotem Pfeffer wälzen. Die Champignons im Butterfett kurz anbraten und mit Salz und Pfeffer würzen. Die glatte Petersilie zur Dekoration kurz frittieren. Nussbutter bereitstellen.

Die Wacholderbeeren zum Wildjus geben, mit der Sahne aufgießen und dann auf die Hälfte reduzieren lassen.

Anrichten

Das gekochte Mus auf vorgewärmte Teller geben, die gebratenen Hirschfilets in 8 gleich große Stücke schneiden, darauf legen und mit der Nussbutter beträufeln. Mit den gebratenen Pilzen umlegen und Wachholderrahmsoße napieren.

TIPP Das Wirkerts Mus ist ein typisches Gericht für das Allgäu und seine Holzer. Meine Oma hat dies schon in der Frühe für den Opa gekocht; bei ihrem Rezept wurde das Korn aber in Milch eingerührt und mit Salz und etwas Muskat gewürzt.
Oben drauf kam ein Löffel Schmalz. So hatte der Opa für den Tag eine gute Grundlage und eine echtes Kraftfutter für die schwere körperliche Arbeit.

Lammfilet mit Kräuterkruste
auf gebratenen Petersilienwurzeln und Bohnen, dazu gratinierte Kartoffeln

Lammfilet und Soße

8 Lammfilets
1 kg Lammknochen, gehackt
200 g Zwiebeln
100 g Karotten
100 g Sellerie
100 g Lauch
Petersilienstiele
3 Zehen Knoblauch
2 Zweige Rosmarin
2 Zweige Thymian
10 Pfefferkörner
1 Lorbeerblatt
2 EL Tomatenmark
1/4 l Rotwein
1/4 l Rotwein und Wasser, gemischt
einige Butterflocken

Kräuterkruste

250 g Butter, 2 Eigelb
6 Scheiben Toast
1 TL Thymian
1 TL Rosmarin
1 EL glatte Petersilie, gehackt
Salz, Pfeffer
etwas Zitronensaft

Zubereitung

Zwiebeln, Karotten, Sellerie und Lauch in haselnussgroße Würfel schneiden.
Lammknochen anrösten und, sobald sie eine schöne Farbe haben, erst Zwiebeln, dann Karotten und Sellerie zugeben und mitrösten. Zum Schluss den Lauch und die Petersilienstängel unterrühren.

Knoblauchzehen, Rosmarinzweige, Thymianzweige, Pfefferkörner und das Lorbeerblatt zugeben, mit Tomatenmark verrühren und mit Rotwein löschen. Den Wein verdampfen lassen, dann mit 1/2 Liter Wasser das Ablöschen nochmals wiederholen. Mit dem gemischten Rotwein und Wasser aufgießen, bis alles bedeckt ist und 2 Stunden auskochen lassen, bei Bedarf immer wieder etwas Wasser zugeben, zwischendurch Schaum und Fett entfernen. Die Soße durch ein Sieb gießen und abschmecken. Erst vor dem Servieren mit Butterflocken aufmontieren.

Lammfilet mit Salz und Pfeffer würzen und in der Pfanne zusammen mit einer Knoblauchzehe im Ganzen anbraten. Dann für 8 Minuten im Ofen bei 80 °C ruhen lassen.

Zubereitung

Die Butter schaumig rühren. Die Eigelbe nach und nach zur Butter dazu geben, weiter rühren. Die Toastscheiben entrinden und zu Krümeln verreiben, 3 EL beiseite stellen, den Rest zur Butter geben.
Thymian und Rosmarin hacken und untermischen. Mit glatter Petersilie, Salz, Pfeffer und Zitrone abschmecken. Die Kräuterbutter in Alufolie rollen und kalt stellen.

Vor dem Servieren etwas Weißbrot auf die gebratenen Filets streuen, die Kräuterbutter in Scheiben schneiden und auflegen, nochmals mit Weißbrotkrume bestreuen. Im Grill bei 220 °C Oberhitze überbacken.

Gemüse
250 g Petersilienwurzeln
100 g Zwiebeln
Prise Paprika
300 g grüne Bohnen
Olivenöl

Gratin
600 g Kartoffeln
1/2 l Sahne
Salz, Pfeffer, Muskat
50 g Käse
Weißbrotkrume

Garnitur
8 Kirschtomaten
1/2 l Öl
4 Zweige Rosmarin

Petersilienwurzeln putzen und in Würfel schneiden. Zwiebeln in Halbringe schneiden, anbraten und mit Paprika würzen. Bohnen in Salzwasser blanchieren, mit kaltem Wasser abschrecken und in Olivenöl anbraten.

Zubereitung

Kartoffeln schälen und in Scheiben schneiden und schön in eine gebutterte Gratinform schichten. Sahne mit Salz, Pfeffer und Muskat aufkochen und über die Kartoffeln gießen. Das Gratin im Backofen 40 Minuten bei 180 °C backen, dann mit dem Käse und der Weißbrotkrume bestreuen und 10 Minuten weiterbacken.

Den Kirschtomaten von unten ein Kreuz in die Haut einritzen. Öl im Topf erhitzen, Tomatenkirschen ungefähr 15 Sekunden einlegen, herausnehmen und die Haut von unten nach oben ziehen. Dann im Ofen warm stellen. Rosmarinzweige ebenfalls kurz frittieren.

Anrichten

Das gratinierte Fleisch in 3 cm breite Stücke schneiden, auf Petersilienwurzeln in die Mitte setzen und mit Bohnenbündeln umlegen. Das Ganze mit der vorbereiteten Soße leicht napieren, das Gratin mit einem Ring (Durchmesser etwa 4 cm) ausstechen, mit der Palette ausheben und anlegen. Mit frittierten Tomaten und Rosmarin garnieren.

TIPP Die Petersilienwurzeln lassen sich auch gut durch Sellerie ersetzen. Die Menge der Kräuterbutter reicht für drei Rollen. Die übrigen zwei eignen sich gut zum Einfrieren.

Rinderschaufelbraten
auf Burgundersoße mit Schwarzbrotscheiben, dazu Karotten-Schwarzwurzelgemüse

Braten und Soße

1,2 – 1,5 kg Rinderrolle
Salz, Pfeffer
2 EL Senf
3 EL Öl
200 g Zwiebelwürfel
100 g Karottenwürfel
100 g Selleriewürfel
1 EL Tomatenmark
2 Lorbeerblätter
15 Wacholderbeeren
1 Zweig Rosmarin
5 Pimentkörner
1/2 Fl trockener Burgunder
50 g Petersilienstängel
50 g Lauch
1 EL Preiselbeeren

für 6 Personen

Zubereitung

Das Fleisch der Rinderrolle stammt vom Unterblatt der Schulter und wird auch „falsches Schulterfilet" genannt.

Den Braten mit Küchenkrepp abtupfen, mit Salz und Pfeffer würzen und mit dem Senf einstreichen. Das Öl in einem geeigneten Topf erhitzen und das Fleisch von allen Seiten anbraten, dann aus dem Topf nehmen. Zwiebel-, Karotten- und Selleriewürfelchen nacheinander zugeben und mitrösten. Tomatenmark, Lorbeer, Wacholder, Rosmarin und Piment untermischen, dann geschnittene Petersilienstängel und Lauch zugeben, kurz mitbraten und alles mit Burgunder ablöschen.

Den Wein verdunsten lassen und erneut aufgießen, so dass der Boden 1 cm bedeckt ist, etwas weiter köcheln lassen. Nun den Braten wieder dazugeben, mit 1 Liter Wasser und dem restlichen Wein aufgießen und 4 bis 5 Stunden leicht kochen lassen.

Den Zustand gelegentlich mit der Gabel testen. Das fertige Fleisch aus der Soße nehmen, in Alufolie einschlagen und im Ofen warm halten. Der Soße die Preiselbeeren zugeben und alles durch ein Sieb gießen und passieren.

Gemüse

12 Fingerkarotten
600 g Schwarzwurzel
Zitrone
Butter
Salz
Pfeffer
Petersilie, gehackt

Zubereitung

Fingerkarotten schälen, halbieren und blanchieren, danach abschrecken und abtropfen.
Schwarzwurzel schälen und in Zitronenwasser legen, schräg schneiden und in Salzwasser blanchieren, abschrecken und abtropfen lassen. Fingerkarotten und Schwarzwurzel zusammen in der Pfanne mit Butter anbraten, mit Salz, Pfeffer würzen, etwas gehackte Petersilie dazugeben.

Schwarzbrotscheiben

500 g altbackenes Schwarzbrot
180 ml heiße Milch
50 g Zwiebelwürfelchen
20 g Butter
2 Eigelb
2 Eiweiß
Petersilie
Rosmarin
Muskat

Zubereitung

Schwarzbrot ist bei uns im Süden das Graubrot des Nordens. Schwarzbrotscheiben in Würfel schneiden, in einer Schüssel mit heißer Milch übergießen.

Die Zwiebelwürfelchen in Butter glasig dünsten und dann in die eingeweichte Schwarzbrotmasse geben. Eigelbe und die Gewürze zugeben und mit dem Kochlöffel verrühren, dann die Eiweiße zu Schnee schlagen und unterheben.

Etwa 15 Minuten ruhen lassen. Die Masse in 2 gleich große Teile aufteilen, jeden Teil in gebutterter Aluminiumfolie zu einer Rolle von etwa 6 cm Durchmesser formen.

Die Rollen in einem Topf mit heißem Wasser etwa 30 bis 40 Minuten pochieren. Nach dem Pochieren aus dem Wasser nehmen und auskühlen lassen.

Vor dem Servieren aus der Folie nehmen, in etwa 1,5 cm starke Scheiben schneiden und in Butterfett ausbraten.

Bis zum Anrichten warm stellen.

Anrichten

Das Gemüse auf dem Teller anrichten, den Braten in Scheiben schneiden, auf dem Gemüse platzieren und mit Soße leicht nappieren. Schwarzbrotscheiben anlegen und mit Petersilie garnieren.

TIPP Die Schwarzbrotrollen lassen sich nach dem Garen gut einfrieren. Bei Gebrauch dann über Nacht im Kühlschrank auftauen lassen.

Anstelle von Schwarzwurzeln schmecken auch Rosenkohl, Brokkoli oder Sellerie.

Im Schnee

Wenn die hohen Außenleuchten vor der Schlossanger Alp im Schnee fast versinken und ihr Licht von unzähligen Schneekristallen gedämpft wird, dann ist Allgäuer Bergwinterzeit. Noch im Dunklen heißt es aufstehen, um mit dem Unimog, dem neuzeitlichen Ersatz für Pferdeschlitten und handbetriebene Schneeschieber, den König Ludwig-Weg und den kleinen Abstecher hinauf zur Alpe freizuhalten.

Die Skier haben sich auf der Alp längst vom Arbeitsgerät zum Vergnügungsmittel entwickelt, und die zahlreichen Pistenkilometer auf dem Breitenberg gegenüber haben für alle Stadien zwischen Rutschen und Wedeln etwas zu bieten. Sogar überzeugte Fußgänger sind oben auf dem Berg bei geführten Winterwanderungen gut aufgehoben.

Der Aggenstein ist in dieser Jahreszeit den echten ‚Bergfexen' vorbehalten. Selbst wenn in einem milden Winter der Normalweg auf der Südseite schneefrei ist, kann über Nacht Schmelzwasser die Gipfelschrofen vereisen und fast unbegehbar machen. Da geht es in den Bergtälern friedlicher zu, mit ausgedehnten Langlauf-Loipen, die durch romantisch verschneite Wälder führen, die wie vor 100 Jahren still und märchenhaft daliegen.

Die schönsten Ziele allerdings liegen gerade mal einen Schritt vor der Hoteltür. Nach einer blankpolierten Nacht mit Sternen und Neuschnee tut sich eine weiße Wunderwelt auf, und es knirscht pulverig zart unter den Sohlen. Bei der Schlittenpartie am Hang gegenüber mischen sich kalte Luft und ausgelassenes Gelächter. Atemlos geht es mit Schneeschuhen, die auf der Alp in Profiqualität vorrätig sind, über den Südaufstieg hinauf zum Falkensteingipfel, der von Deutschlands höchstgelegener Burgruine gekrönt wird, der Burg Falkenstein. Und überall warten Heerscharen von Schneemännern darauf ins Leben gerollt zu werden, um bei der nächsten wilden Schneeballschlacht mit ihren dicken Bäuchen Deckung zu geben.

Torte vom Allgäuer Blauschimmelkäse
mit Portweingelee

Käsemasse
75 g Blauschimmelkäse
75 g flüssige Sahne
75 g Sahne, geschlagen
1/2 TL Honig
Salz, Pfeffer
1 EL Portwein
1,5 Blatt Gelatine
(siehe Grundrezept)

Tortenboden
50 g Löffelbiskuit zerbröseln
1/2 TL Anispulver
1/2 TL Ingwerpulver
1 Zweig Thymian, abgerebelt
30 g Butter

Garnitur
1 TL schwarzer Sesam
1–2 EL Heidelbeeren

Zubereitung

Blauschimmelkäse und flüssige Sahne erwärmen bis eine cremige Masse entsteht. Honig und Portwein zugeben, mit Salz und Pfeffer abschmecken.
Die Gelatine nach Grundrezept zubereiten und zum Käse geben. Anschließend kalt rühren und die geschlagene Sahne unterheben.

Löffelbiskuit zerbröseln, Gewürze zugeben, die Butter erhitzen und darüber gießen. Schnell zu einem bröseligen Teig verarbeiten.
2 kleine Kuchenringe mit 14 cm Durchmesser mit Alufolie einschlagen. Die Teigbrösel im Ring verteilen und glattdrücken, am besten mit einem alten Kilogewicht feststampfen. Danach in den Kühlschrank stellen bis der Boden hart ist.
Die Käsemasse anschließend gleichmäßig darauf verteilen, dann die Kuchenringe für weitere 2 Stunden in den Kühlschrank stellen.

Portweingelee (siehe Grundrezepte)

Die Torte vorsichtig aus den Ringen heben und in 6 gleich große Stücke schneiden, am besten mit einem Messer, das vorher in heißes Wasser getaucht war. Die Tortenstücke auf Tellern verteilen und mit schwarzem Sesam und Heidelbeeren garnieren.

TIPP
Die Tortenringe lassen sich gut aus einem Ofenrohr schneiden, allerdings sollten diese unbedingt entgratet werden, um kleine Schnittverletzungen zu vermeiden.
Auch in Spielzeugabteilungen wird man auf der Suche nach kleinen Kuchenformen fündig, meist bei den Puppenküchenaccessoires.

Alte Kilogewichte gibt's oft noch auf dem Trödelmarkt.

Allgäuer Almkäse
mit Vanille-Dörrobstconfit und Ölraukenblättern

Zutaten

8 Dörrzwetschgen
4 Dörraprikosen
2 Dörrbirnen
2 Dörrapfelringe
1 EL Vanillezucker
1 Vanillestange
1 Sternanis
1 Nelke
1/4 l halbtrockener Rotwein
1 Msp. Cayennepfeffer
250 g halbfetter Schnittkäse
mit herzhafter Rotschmiere
250 g Ölraukensalat

Zubereitung

Das Dörrobst in kleine Würfel mit einer Kantenlänge von etwa 1/2 cm schneiden und in einen Topf geben.
Den Vanillezucker, die ausgekratzte Vanillestange, den Sternanis, die Nelke und Cayennepfeffer zugeben. Alle Zutaten mit dem Rotwein aufkochen, einige Minuten ziehen lassen und noch heiß in ein Weckglas geben.

Den Almkäse in 4 gleich große Stücke zerteilen und auf je einen Teller geben. Diese bei Oberhitze mit 200 °C in den Grill stellen und so lange gratinieren, bis der Käse in den Schmelzzustand übergeht.

Anrichten

Mit einem Kaffeelöffel kleine Nocken vom Dörrobstconfit formen und neben dem Käse platzieren. Mit Ölrauken garnieren und - falls zur Hand - für die geschmackliche Abrundung mit ein paar Tropfen Kürbiskernöl beträufeln.

TIPP Das Dörrobstconfit am besten schon 2 Tage vor dem geplanten Termin vorbereiten, damit die Gewürze richtig durchziehen können. Im Weckglas hält es sich im Kühlschrank etwa einen Monat!

Die Ölrauke ist bei uns in Deutschland meist nur noch als Rukola bekannt und stammt meist aus Italien. Dabei gehört sie hierzulande zu den alten Kulturpflanzen und fühlt sich von März bis September auch in unseren Gärten wohl; der Anbau ist unkompliziert.

Auf dem Falkenstein

Das ganze Ostallgäu zu Füßen hat, wer vom Burghotel auf dem Falkenstein hinaus schaut ins voralpenländische Hügelmeer oder hinüber in den Königswinkel mit seinen funkelnden Seen und majestätischen Bergen. Wie ein Adlerhorst sitzt das Hotel auf dem Berg, nur überragt von der alten Burgruine Falkenstein, wo dereinst König Ludwig von seinem nächsten Traumschloss träumte.

Seit Anton und Herta Schlachter 1989 auf den Berg zogen, erschufen sie hier einen Hort aus Licht, Luft und Wärme. Die Vielzahl herrlich eingerichteter Gästezimmer lädt wahrlich zum Residieren ein, jedes eine Welt für sich: ‚Des Königs Falkennest' verwöhnt mit dem Ambiente des kolonialen Afrikas, ‚Castello Venezia' glänzt mit noblem italienischen Flair, die ‚Turmsuite Katharina' gibt sich russisch und orientalischer Zauber aus 1001 Nacht durchweht das Hochzeitszimmer.

Der Burgtempel empfängt den Ruhesuchenden mit Wellness für Körper, Geist und Seele. Im Kamin knistert ein Feuer, Ayurveda-Anwendungen, Sauna und Wasserbetten laden zum Entspannen ein, und ein Fenster zur Welt über die gesamte Breite des Raumes holt den Himmel und die Berge herein.

Die Küche von Anton Schlachter schöpft aus der ursprünglichen Allgäuer Lebensart und wird schmackhaft aus hiesigen Produkten zubereitet.
Kulinarische Unternehmungslust wird befördert:
Die Gäste dürfen jederzeit wählen und oben auf der Burg oder unten auf der Alp speisen.
Der gewundene Weg hinauf und hinab legt sich gemütlich zurück mit dem Hotelbus oder romantisch bei einer Fackelwanderung.

Ihre seltenen kleinen Auszeiten verbringen Herta und Anton Schlachter am liebsten selbst auf den schmalen Bergpfaden des Falkensteins. Von dort geht immer wieder der Blick hinunter auf die Schlossanger Alp, wo ihre Geschichte vor über 20 Jahren begann und zu einem Leben für die Gastlichkeit wurde.
Die Kraft ihres Wirkens war überzeugend, alle drei Kinder Anton Junior, Daniela und Simon haben den gleichen Weg eingeschlagen.

Apfelstrudel
mit Nüssen

Apfelfüllung
2,5 kg Äpfel (Boskop)
100 g Zucker
1 Päckchen Vanillezucker
Saft von 1 Zitrone
100 g Rosinen
80 g Haselnüsse, gerieben
1 TL Zimt, gemahlen
80 g Butter, zerlassen
150 g Semmelbrösel

Strudelteig
375 g Mehl, 35 g Zucker
70 g Öl
125 g Wasser
1 Ei , 1 Prise Salz

Vanilleguss
1/2 l Milch
1 Päckchen Vanillepuddingpulver
35 g Zucker

für 10 Personen

Zubereitung

Die Äpfel schälen, entkernen und in Scheiben schneiden.
Butter und Semmelbrösel beiseite stellen, alle weiteren Zutaten mit den Apfelscheiben zusammen mischen und 15 Minuten ziehen lassen.

Alle Zutaten mit den Händen (oder Rührhaken) zu einem glatten Teig kneten, in 3 gleich große Stücke teilen, zu Kugeln formen und mit Öl einstreichen. Dann 30 Minuten unter einer warmen Teigschüssel ruhen lassen. (Achtung: Die Kugel darf nach dem Ruhen auf keinen Fall mehr geknetet werden – sonst lässt der Teig sich nicht mehr ziehen; er wird direkt ausgerollt.)

Nach dem Ruhen ein Geschirrtuch mit Mehl bestäuben, eine Teigkugel ausrollen und über den Handrücken in Auflaufform-Größe ziehen (etwa 40 x 60 cm). Den Teig mit der flüssigen Butter bestreichen und mit Semmelbröseln bestreuen. Nun die Apfelfüllung gleichmäßig auf dem Teig verteilen und mit Hilfe des Tuches zu einer Rolle formen. In die gebutterte Bratenreine geben und den Vorgang mit den anderen Teigkugeln wiederholen. Den Apfelstrudel in den Ofen schieben und bei 170 °C etwa 1 Stunde backen.

Nun die Zutaten für den Vanilleguss anrühren und diese Mischung über den Apfelstrudel gießen. Nochmals 30 Minuten im Backofen weiterbacken, dann den Strudel herausnehmen und lauwarm servieren. Dazu passt Vanillesoße, Vanille- oder Nusseis.

TIPP
Dieses Rezept ist eines meiner Lieblingsrezepte, da meine Oma Settele, die uns zwar nicht blutsverwandt, dafür aber umso mehr seelenverwandt war, und alle Familienmitglieder liebevoll umsorgte, den Strudel immer für uns Kinder gebacken hat.

Topfengratin
mit Orangenfilets und Vanilleeis im Schokomantel

Zutaten
250 g Quark
40 g Zucker
25 g Speisestärke
2 Eigelb
2 Eiweiß
50 g Zucker
eine Prise Salz
2 Orangen
Vanilleeis
(siehe Grundrezept)
oder ein Lieblingseis
Ihrer Wahl
Schokoladenraspel

Zubereitung
Die Orangen filieren.

Quark, Zucker, Speisestärke und Eigelbe verrühren. Eiweiße steif schlagen, Zucker und eine Prise Salz während des Weiterschlagens langsam dazu rieseln lassen, den fertigen Eischnee unter den Quark heben.

Die Masse auf 4 ofenfeste Schalen oder Suppenteller verteilen und mit den Orangenfilets belegen. Bei 250 °C Oberhitze in den Ofen schieben und 10 bis 15 Minuten backen. Wenn das Gratin eine leichte Bräune hat, aus dem Ofen nehmen, mit Puderzucker bestreuen, je eine Kugel Eis in Schokoraspeln rollen, dazu geben und sofort servieren.

TIPP   Dieses Dessert lässt sich gut vorbereiten, das Eiweiß sollte jedoch vor dem Backen frisch aufgeschlagen und überbacken werden, da es sonst zusammenfällt. Das Eis kann schon vorher in den Schokoraspeln gewendet und im Tiefkühlfach bereit gestellt werden.

Die Orangen lassen sich durch jede andere Frucht oder Obstsalat ersetzen.

Grießklößchen

mit Holunderragout und Walnusseis

Grießklößchen

1/2 l Milch
3 EL Zucker
120 g Butter, Salz
geriebene Schale
von 1 Zitrone
Vanillearoma
125 g Grieß
2 Eier
Salz, Vanillezucker

Holunderragout

200 g Holunderbeeren
80 g Zucker
1 Vanillestange
Saft von 1/2 Zitrone
1 Nelke, 1 Msp. Zimt
2 EL Speisestärke

Zubereitung

3 EL Zucker, Butter, etwas Salz, die Zitronenschale und das Vanillearoma in der Milch aufkochen, den Grieß zugeben und wie einen Brandteig abrühren, das heißt: unten am Topfboden muss sich eine ganz leicht angebrannte Schicht bilden. Den Teig aus dem Topf nehmen, in eine Schüssel geben und die Eier einzeln einrühren.
Die Masse erkalten lassen, dann mit einem Eisportionierer in kleine Kugeln formen. Leicht gesalzenes Wasser aufkochen, 2 EL Vanillezucker hinzugeben und die Grießklößchen 10 bis 12 Minuten köcheln lassen.

Die frischen Holunderbeeren abzupfen und mit Zucker über Nacht stehen lassen. Am nächsten Tag zusammen mit den weiteren Zutaten aufkochen, mit in etwas Wasser angerührter Speisestärke abbinden. Mit Folie abdecken, damit keine Haut entsteht, und bei Zimmertemperatur abkühlen lassen.

Walnusseis (siehe Grundrezept)

TIPP

Wenn es schnell gehen soll oder keine Sorbetière greifbar ist, schmeckt auch gekauftes Walnusseis. Die Holunderbeeren lassen sich auch durch Heidelbeeren ersetzen. Wer einen Vorrat an Holunder für das ganze Jahr anlegen will: Beeren abzupfen, über Nacht mit der halben Menge Zucker stehen lassen, dann in Tüten füllen und einfrieren. Bei Gebrauch wie oben verfahren, nur den Zucker weglassen.

Wichtig: Alle Zitrusfrüchte, auch Bioware, vor der Verwendung immer heiß abwaschen.

Buttermilchtöpfchen
mit Erdbeersalat, dazu Apfelsoße und Schmalzöhrchen

Buttermilchtöpfchen

200 ml Buttermilch
50 g Zucker
1 TL Vanillezucker
Saft von 1/2 Zitrone
3 Blatt Gelatine
(siehe Grundrezept)
100 ml Sahne, geschlagen

Erdbeersalat

250 g Erdbeeren
1 Päckchen Vanillezucker
1/2 Vanilleschote
60 g Zucker

Apfelsoße

2 Äpfel
50 g Zucker
1 Päckchen Vanillezucker
1 Nelke
1/2 Zitrone
50 ml Wasser
etwas Calvados
nach Wunsch

Zubereitung

Buttermilch, Zucker und Vanillezucker verrühren, den Zitronensaft beifügen. Die vorbereitete Gelatine zur Buttermilchmischung geben und in den Kühlschrank stellen, bis eine leichte Bindung entsteht. Dann die geschlagene Sahne unterheben (etwas für die Garnitur zurück behalten) und die Masse in kleine Formen abfüllen.
Im Kühlschrank weiter fest werden lassen und mit Sahne garnieren.

Erdbeeren waschen und entstielen. 4 Erdbeeren für den Kranz in dünne Scheiben schneiden und beiseite stellen. Die restlichen Erdbeeren würfeln und mit Zucker und Vanille mischen. Mit Folie abdecken und kalt stellen.

Die Äpfel schälen, entkernen und in Stücke schneiden. Mit den anderen Zutaten in das Wasser geben und weich kochen. Mit dem Mixstab fein pürieren und durch ein Sieb streichen, erkalten lassen und abschmecken. Nach Geschmack mit etwas Calvados verfeinern.

Schmalzöhrchen

250 g Mehl
1/2 TL Salz
2 EL Zucker
1/2 Ei
90 g Butter
90 g Sauerrahm
Vanillezucker zum Wälzen

Zubereitung

Das Mehl auf die Arbeitsfläche häufen, alle weiteren Zutaten in die Mitte geben und zu einem Teig kneten.
Den Teig in Folie wickeln und 30 Minuten ruhen lassen.
Danach ausrollen, wieder zusammenschlagen und noch einmal ausrollen. Mit einem Teigrädchen Dreiecke ausschneiden und diese in der Friteuse ausbacken. Anschließend in Vanillezucker wälzen und im vorgeheizten Ofen bei 60 °C warm halten.

Anrichten

Das Buttermilchtöpfchen auf einen Teller stellen und die Erdbeerscheiben daneben in einen Kranz legen. Einen Löffel Erdbeersalat auf dem Kranz platzieren. Die Apfelsoße punktuell verteilen. Die gebackenen Schmalzöhrchen anlegen.

TIPP Die Schmalzohren sind ein altes Hausrezept vom Papa, dem Konditor, und schmecken auch wunderbar zu einer Tasse Kaffee am Nachmittag, wahlweise mit Vanillesahne oder Zimtzucker!

Der Apfelteiler von Rösle macht auch gleichmäßig schöne Kartoffelspalten.

Allgäuer Quarknockerl
mit Zitrusfrüchten und Vanilleeis

Quarknockerl
250 g Quark
30 g Mehl, 20 g Zucker
1 Päckchen Vanillezucker
1 Ei, 1 Prise Salz
50 g Weißbrot ohne Rinde

Zitrusfrüchte
2 Orangen, 1 Grapefruit
1 Limone
1 Vanillestange
1/4 l Orangensaft
50–100 g Zucker
Saft 1 Zitrone
1 TL Speisestärke
etwa 2 cl Cointreau

Vanilleeis
(siehe Grundrezept)
Schokoraspel
Minzeblatt zum Garnieren

Zubereitung

Alle Zutaten in einer Schüssel zusammenrühren und im Kühlschrank 1 Stunde ruhen lassen. Herausnehmen, aus dem Teig die Nocken formen, auf Klarsichtfolie legen und 1 weitere Stunde kühl stellen. Wasser mit je einer Prise Zucker und Salz zum Kochen bringen, kurz vor dem Anrichten die Nocken etwa 10 Minuten in dem leicht köchelnden Wasser fertig ziehen lassen.

Die ganzen Zitrusfrüchte schälen und filieren, beiseite stellen. Den Orangensaft zusammen mit dem Zucker und Zitronensaft sowie dem ausgekratzten Mark der Vanillestange aufkochen und mit einem Teelöffel in etwas Wasser gelöster Speisestärke abbinden. Die filierten Zitrusfrüchte in den abgekochten Orangenfond geben und ziehen lassen, dann mit Folie abdecken und abkühlen lassen. Je nach Geschmack Cointreau zum Verfeinern dazugeben.

Anrichten

Die Zitrusfrüchte in 4 Gläser füllen. Jeweils 2 Quarknockerl auf einem Krepppapier abtropfen lassen und gefällig anrichten.
Mit einem Löffel das Eis portionieren und in Schokoraspeln wälzen. Dann mit einem Minzeblatt dekorieren.

TIPP   Die Quarknockerl schmecken auch zu Erdbeersalat oder Rhabarberkompott. Statt selbstgemachtem Eis lässt sich auch ein beliebiges gekauftes Eis damit kombinieren.

Grundrezepte

Brotwürfelchen

4 Scheiben Toastbrot, entrindet
200 g Butter, 1 Prise Salz

Das Toastbrot in kleine Würfel schneiden. Die Butter in einem Topf erhitzen, die Toastwürfel mit einer Prise Salz zugeben und mit dem Kochlöffel vorsichtig rühren, bis sie goldbraun sind. Alles durch ein Sieb gießen und abtropfen lassen, die Brotwürfelchen auf ein Küchenkrepp legen, welches das überschüssige Fett aufsaugt. Die Butter kann zum Kochen weiter verwendet werden.

Die Brotwürfel sind ein geschmacklicher Hit. Ich verwende sie gern zu Suppen, auf Salaten oder bei vegetarischen Gerichten. Es ist einfach lecker auf die knusprigen Croûtons zu beißen.

Fischfond

1 kg Fischgräten
(z.B. Seezunge, Steinbutt)
150 g Gemüse
(Schalotten, Karotte, Lauch, Staudensellerie)
50 g Dillstiele, 100 ml trockener Weißwein,
75 g Noilly Prat,
Lorbeer, Nelke, Pfefferkörner,
1 kleiner Zweig getrockneter Fenchel,
50 ml Olivenöl,
20 g Champignons,
1/2 geschälte Zitrone

Fischkarkassen gut waschen, dann zerkleinern, in heißem Olivenöl mit dem kleingeschnittenen Gemüse anschwitzen und mit Wein und Noilly Prat ablöschen. Im Anschluss mit 1 Liter Wasser auffüllen.

Alles zum Kochen bringen und den Fischeiweißschaum an der Oberfläche komplett abschöpfen. Den Fischfond etwa 40 Minuten bei 95 °C ziehen lassen, dann durch ein feines Tuch abpassieren und weiter bis auf 350–400 ml einkochen.

Dieser Basisfond lässt sich für die Zubereitung von Soßen, als Pochierfond und Sud weiter verwenden.

TIPP

Keine Fischgräten von Fettfischen verwenden, weil der Fond sonst tranig schmeckt!
Den Fischfond immer ohne Salz kochen, damit er durch das Reduzieren nicht zu salzig wird.
Am besten auf Vorrat kochen und einfrieren.

Fleischfond

Zutaten für 8 Personen

1 kg fein gehackte Knochen des jeweiligen Grundproduktes, 150 g Gemüse (Karotte, Lauch, Sellerie, Zwiebeln), 20 g Tomatenmark, 1 TL Senf, Petersilienwurzel oder -stiele,
etwas Öl, 1 Nelke, 10 Pfefferkörner

zusätzliche Gewürze nach Fleischart

bei Geflügel: Piment, Thymian, Lorbeerblatt
bei Lamm: Knoblauch, Rosmarin, Thymian
bei hellem Fleisch: Rosmarin, Salbei, Lorbeerblatt
bei Schwein: Majoran, Kümmel
bei Wild: Wacholderbeeren, Rosmarin, Piment, Lorbeerblatt, Orangenschale

Die Knochen im Ofen goldbraun braten, Fett abgießen, kleingeschnittenes Gemüse zum Anrösten dazugeben. Wenn das Röstgemüse goldbraun ist, mit Tomatenmark tomatisieren und mit etwas Wasser ablöschen, danach in einen Topf umfüllen und vollständig einreduzieren lassen. Das Ablöschen noch 2-mal wiederholen, bis der gewünschte Farbton erreicht ist. Nun mit 3 Litern kaltem Wasser endgültig auffüllen und 3 Stunden mit den jeweiligen Kräutern köcheln lassen. Dabei das Fett immer wieder vorsichtig von der Oberfläche abschöpfen. Nach 3 Stunden durch ein feines Sieb abpassieren und den Fond auf etwa 500 ml einkochen.

Dieser Fond ist die Basis für zahlreiche Variationen wie Rotwein-, Trüffel-, Schalottensoße und vieles mehr.

TIPP
Den Fond ohne Salz kochen, damit er durch das Einkochen nicht zu salzig wird; erst ganz zum Schluss abschmecken.
Idealerweise auf Vorrat kochen und einfrieren.

Gelatine

Gelatineblätter, Wasser

Die benötigte Menge Gelatineblätter in wirklich kaltem Wasser einweichen, am besten einen Eiswürfel hineingeben! (Zur Erklärung: Wenn das Wasser leicht lauwarm ist, löst sich ein Teil der Gelatine schon etwas auf und die Bindekraft leidet.) Danach die eingeweichte Gelatine mit den Fingern ausdrücken und in einem Töpfchen bei leichter Wärme zum Schmelzen bringen. Achtung: Die Gelatine darf auf keinen Fall kochen, sonst wird die Bindung beeinträchtigt!

In die geschmolzene Gelatine gibt man nun im Verhältnis 1:1 etwas von der gewünschten Flüssigkeit oder Masse, die eingedickt werden soll, und verrührt beides gründlich. Erst dann gibt man die vorbereitete Gelatinemischung in den großen Teil der Restflüssigkeit. Diese Vorgehensweise vermeidet eine Klumpenbildung, da sich die pure geschmolzene Gelatine beim Mischen mit einer kalten Flüssigkeit sofort zusammenziehen würde: so geht Bindekraft verloren und es bilden sich Klümpchen.

Maultaschen

250 g Mehl, 2 Eier, Salz, 1 EL Öl,
50 g Butterfett, 40 g Zwiebelwürfel,
50 g getrocknete Steinpilze,
etwas Wildfond (Grundrezept Fleischfond),
100 g Weißbrot, 1 Ei, 1 TL gehackte Petersilie,
Salz, Pfeffer, etwas Rosmarin

Mehl, Eier, 50 ml Wasser, Salz und Öl zu einem Teig verkneten und 20 Minuten ruhen lassen. Danach mit der Nudelmaschine Platten ausrollen und kalt stellen.

Für die Füllung die getrockneten Steinpilze im Wildfond einweichen. Die Zwiebelwürfel mit Butterfett anbraten. Das Weißbrot mit den Steinpilzen und Zwiebeln durch den Wolf drehen. Das Ei, die Gewürze und Kräuter dazugeben, alles gut vermischen. Die Masse in einen Spritzsack füllen und auf eine der Nudelteigplatten mit 7 cm Abstand haselnussgroße Tupfen spritzen. Eigelb um die Tupfen herumstreichen, die zweite Nudelplatte darüber legen und fest andrücken. Mit Hilfe eines Teigrollers Quadrate schneiden und die Maultaschen in Salzwasser etwa 5 Minuten blanchieren, bis sie gar sind.

Nussbutter

Sauerrahmbutter

Die frische Butter in der erforderlichen Menge in einem Töpfchen so lange erhitzen, bis sie eine leichte goldbraune Farbe hat. Durch dieses Bräunen erhält sie einen zart nussigen Geschmack, der auch für den Namen Pate stand. Im Anschluss die Butter durch ein Sieb gießen, damit die braunen Schaumteilchen, die leicht bitter schmecken, abgefiltert werden.

TIPP
Nussbutter gibt vegetarischen Gerichten oder gebratenem Fisch oft noch den letzten Schliff!

Portweingelee

50 ml roter Portwein, 30 ml Apfelsaft,
1 TL Zucker, 1 Blatt Gelatine
(siehe Grundrezept)

Portwein, Apfelsaft und Zucker zusammen aufkochen. Die Gelatine dazugeben. Das Gelee soweit erkalten lassen, dass es noch flüssig ist, auf der Käsecreme verteilen und dann 1 weitere Stunde kalt stellen.

TIPP
Das Portweingelee passt auch zu einer Wildterrine. Oder als Nachtisch mit darin eingelegten Früchten zusammen mit Eis und Sahne.

Vanilleeis

1/4 l Sahne, 1/4 l Milch,
6 Eigelb, 80 g Zucker,
1 Vanilleschote

Die Vanilleschote auskratzen. Die Milch und die Sahne mit dem Zucker und dem Mark einer Vanilleschote aufkochen. Die Eigelbe vorab mit 2 EL heißer Milch mischen und verrühren, erst dann Milch, Sahne und

Eigelb zusammengeben und rühren, bis eine leichte Bindung entsteht.
Danach den Topfboden in eine Schüssel mit kaltem Wasser stellen und kalt weiterrühren. Zum Gefrieren die Eisgrundmasse in eine Sorbetière geben.

Variation Walnusseis

Vanilleeis (Grundrezept),
30 g Zucker,
100 g Walnüsse

Das Vanilleeis nach Rezept zubereiten. Dann die Walnüsse klein hacken, den Zucker in einer Pfanne karamellisieren, die Walnüsse zugeben, durchmischen und anschließend auf einem geölten Teller erkalten lassen. Die kleingehackten, karamellisierten Walnüsse in die gefrorene Eisgrundmasse geben, nochmals gut in der Sorbetière verrühren und in das Frostfach stellen. Auf Wunsch mit 2 cl Cognac verfeinern.

Vinaigrette für hellen Fisch

4 EL weißer Balsamico,
1/2 TL Salz, 1 TL Zucker, 1 Prise Pfeffer,
1 TL Zitronensaft,
2 EL Spargelwasser,
5 EL Rapsöl

Balsamico, Salz, Pfeffer und Zucker, Zitronensaft und das Spargelwasser gut verrühren, dann Rapsöl zugeben und gründlich durchmischen.

Vinaigrette für helle Fleischsorten

4 EL weißer Balsamico, 2 EL Himbeeressig,
Portwein, Salz, weißer Pfeffer, Zucker,
3 EL Wasser, 3 EL Pflanzenöl, 2 EL Sesamöl,
1/2 TL gerösteter Sesam

Balsamico, Himbeeressig, Portwein, Salz, weißen Pfeffer, Zucker und Wasser gut verrühren, dann Öle und Sesam zugeben und nochmals gründlich durchmischen.

TIPP
Vinaigrette oder andere Salatsoßen sollten immer mit einem guten Pflanzenöl angerührt werden. Edle Öle wie Walnus-, Sesam-, oder Trüffelöl dienen der Verfeinerung und werden nur in geringen Mengen zugefügt. Man sollte sie nur nur in kleinen Mengen einkaufen, da die Haltbarkeit begrenzt ist; am besten lässt man sich offene Öle beim Händler 100-milliliterweise abfüllen.

Alle Öle sollten dunkel gelagert werden, da das Licht die wertvollen Inhaltsstoffe zersetzt und den Geschmack ranzig werden lässt. Durchsichtige Flaschen einfach als Lichtschutz in Alufolie einschlagen.

Vinaigrette für Wild und dunkles Geflügel

2 EL Himbeeressig, 2 EL Balsamico,
1 cl Portwein, 1/2 TL Salz, 1 Prise weißer Pfeffer,
1TL Zucker, 2 EL Walnussöl,
3 EL Pflanzenöl, Ahornsirup

Balsamico, Himbeeressig, Portwein, Salz, weißen Pfeffer und Zucker gut verrühren, dann Öle zugeben und nochmals gründlich durchmischen.
Mit Ahornsirup nach Geschmack abschmecken.

Rezepteverzeichnis

Fleisch

Käsespätzle mit Kalbsbries   54

Lammfilet mit Kräuterkruste auf gebratenen Petersilienwurzeln und Bohnen   70

Perlhuhnfleischpflanzerl mit Gemüserauten   32

Pilzterrine und Rehcarpaccio mit Eichblattsalat   18

Rinderschaufelbraten auf Burgundersoße   74

Schweinebauch mit feinem Krautsalat und Meerrettichcreme   30

Wildentenconfit mit Äpfeln und Zimt   16

Wirkerts Mus mit gebratenem Hirschfilet und Champignons   68

Fisch

Frischkäseterrine mit gebeiztem Lachs und Spargelsalat   22

Riccottaklößchen und Waller im Speckmantel auf Blattspinat   64

Zander auf Rote Beetesoße mit Belugalinsenragout   62

Gemüse und Salat

Bärlauch-Quarknockerl auf Spargelstücken, mit brauner Butter und Paprikawürfeln   48

Kartoffelknödel mit Obazda gefüllt, auf Weinkraut   50

Salatdressing mit Kräutern und Buttermilch   24

Käse

Allgäuer Almkäse mit Vanille-Dörrobstconfit und Ölraukenblättern   82

Torte vom Blauschimmelkäse mit Portweingelee   80

Suppen

Kartoffelsuppe mit Brotwürfelchen   42

Meerrettichrahmsuppe mit Tafelspitzwürfeln   40

Rehessenz mit Maultaschen und Selleriesteifen   38

Spargelsuppe mit Spargelragout   44

Süßes

Allgäuer Quarknockerl mit Zitrusfrüchten und Vanilleeis   98

Apfelstrudel mit Nüssen und Rosinen   88

Buttermilchtöpfchen mit Erdbeersalat, dazu Apfelsoße und Schmalzöhrchen   94

Grießklößchen mit Holunderragout und Walnusseis   92

Topfengratin mit Orangenfilets und Vanilleeis im Schokomantel   90

Tippverzeichnis

Kinderhits
Perlhuhnfleischpflanzerl 32
Schmalzöhrchen 97

Praktisches und Handwerk
Abwiegen, exakt 24
Apfel- und Birnenteiler von Rösle 94, 97
Gabelprobe für Fleisch 40
Gewichtiges zum Glätten und Stampfen 80
Kuchenformen, klein 80
Lagerung von Ölen 103
Mörserersatz 16
Ölrauke 82
Portionieren leichtgemacht für Knödel 52
Reiben von Rösle 60, 64, 74
Teppichmesser in der Küche 30
Tortenringe, selbstgemacht 80
Zerkleinern von Gewürzen 16
Zitronen- und Orangenpresser von Rösle 18, 21

Variationen zu
Bärlauch 48
Farce, selbst gemacht 20
Fisch 22
Holunderbeeren 92
Kalbsbries 56
Orangen 90
Perlhuhn 32
Petersilienwurzel 72
Portweingelee 80
Schwarzwurzeln 76
Spargel 48
Waller 64
Wildentenkeulen 16
Zitrusfrüchte 98
Zwiebeln, roh 52

Vom rechten Umgang
Fischgräten 100
Mehl 56, 62
Öle 103
Perlhuhnkarkassen 34
Salz 102, 103
Spargelfond 44
Zitrusfrüchte 92

Vorkochen und Entspannen
Dörrobstconfit 82
Fischfond 100
Fleischfond 100
Holunderbeeren 92
Kartoffelsuppe 42
Kräuterbutter 72
Salatdressing 24
Schwarzbrotrollen 76
Spargelsuppe 44
Topfengratin 90
Wildentenconfit 16

Meine drei Allgäuer Jahreszeiten

In der Reihe über ihre „drei Allgäuer Jahreszeiten" berichtet Barbara Schlachter-Ebert im zweiten Band über die Zeit zwischen Mai und Ende September: „Wenn das Weiß im Mai weggetaut ist, bricht in ihrer ganzen Fülle und fast übergangslos die **Sommerfrische** los."

In dieser Zeit lässt sich die Schönheit der Allgäuer Berge „auf Schusters Rappen" entdecken. Auf der Schlossanger Alp genießt man nach den Ausflügen eine leichte Sommerküche, von der Barbara Schlachter-Ebert auch in diesem Buch wieder 25 Rezepte vorstellt – versehen mit vielen Tipps.

In „Sommerfrische – Meine drei Allgäuer Jahreszeiten" erfahren wir außerdem mehr über den Werdegang der gebürtigen Allgäuerin zu einer der besten Köchinnen Deutschlands.

BARBARA SCHLACHTER-EBERT
Sommerfrische – MEINE DREI ALLGÄUER JAHRESZEITEN

108 Seiten, Hardcover mit Schutzumschlag (21 x 21 cm)
ISBN: 978-3-86528-626-0
€ (D) 19,90 / € (A) 20,50 / CHF 32,-
erscheint im Mai 2008

Im dritten Band der Reihe „Meine drei Jahreszeiten" führt Barbara Schlachter-Ebert uns in die dritte Allgäuer Jahreszeit von September bis Dezember. In dieser Zeit erntet „der Herbst ... bunte Blätter im pilzduftenden Wald und sät Herbstzeitlose auf die Wiesen."

Im Herbst liegt der Reichtum des Jetzt und der Samen des Morgens. Auf der Schlossanger Alp genießen wir mit Barbara Schlachter-Ebert das Heute und schauen mit ihr auf ihrem Weg und manchem Allgäuer Wanderweg ein Stück voraus. Die 25 Rezepte dieses Bandes schwelgen mit dem Erntedank in der Fülle der Natur.

BARBARA SCHLACHTER-EBERT
Herbstzeitlose – MEINE DREI ALLGÄUER JAHRESZEITEN

108 Seiten, Hardcover mit Schutzumschlag (21 x 21 cm)
ISBN: 978-3-86528-627-7
€ (D) 19,90 / € (A) 20,50 / CHF 32,-
erscheint im Herbst 2008

Impressum

© 2007 Neuer Umschau Buchverlag GmbH,
Neustadt an der Weinstraße

Alle Rechte der Verbreitung in deutscher Sprache,
auch durch Film, Funk, Fernsehen, fotomechanische Wiedergabe,
Tonträger jeder Art, auszugsweisen Nachdruck oder
Einspeicherung und Rückgewinnung in Datenverarbeitungs-
anlagen aller Art, sind vorbehalten.

Herausgeberin
Katharina Többen, Neustadt/Weinstraße

Rezepte
Barbara Schlachter-Ebert
Schlossanger Alp Berghotel, 87459 Pfronten
Telefon 08363-914550
www.schlossanger.de

Texte und Projektleitung
Carmen Nehm, Etting

Fotografie
Björn Kray Iversen, Albersweiler
Außerdem:
Rohde Fotografie:
Auf den Seiten 11, 26/27, 29 (9), 79 (8), 84/85, 87 (8)
Guy Verville/fotolia auf Seite 4 (li)

Barbara Schlachter-Ebert:
historische Aufnahmen auf den Seiten 12/13, 37, 46/47, 59

Wir bedanken uns bei der Firma Rösle
für die freundliche Unterstützung

Gestaltung, Satz und Produktionen
Eva-Maria D'Auria, Lüneburg

Reproduktion
RGD, Digitale Medientechnik, Langen

Druck und Verarbeitung
Druckkollektiv, Gießen

Printed in Germany
ISBN: 978-3-86528-625-3

Die Ratschläge in diesem Buch sind von der Autorin und dem
Verlag sorgfältig erwogen und geprüft, dennoch kann eine
Garantie nicht übernommen werden. Eine Haftung der Autoren
und des Verlages für Personen-, Sach- und Vermögensschäden
ist ausgeschlossen.
Die Rezepte sind üblicherweise für 4 Personen ausgerichtet,
soweit nicht anders vermerkt.

Besuchen Sie uns im Internet
www.umschau-buchverlag.de